Nursery Rhymes of Mother Goose

Level 3
(1600-word)

Compiled by Miki Terasawa

IBC パブリッシング

はじめに

　ラダーシリーズは、「はしご（ladder）」を使って一歩一歩上を目指すように、学習者の実力に合わせ、無理なくステップアップできるよう開発された英文リーダーのシリーズです。

　リーディング力をつけるためには、繰り返したくさん読むこと、いわゆる「多読」がもっとも効果的な学習法であると言われています。多読では、「1. 速く 2. 訳さず英語のまま 3. なるべく辞書を使わず」に読むことが大切です。スピードを計るなど、速く読むよう心がけましょう（たとえば TOEIC® テストの音声スピードはおよそ 1 分間に 150 語です）。そして 1 語ずつ訳すのではなく、英語を英語のまま理解するくせをつけるようにします。こうして読み続けるうちに語感がついてきて、だんだんと英語が理解できるようになるのです。まずは、ラダーシリーズの中からあなたのレベルに合った本を選び、少しずつ英文に慣れ親しんでください。たくさんの本を手にとるうちに、英文書がすらすら読めるようになってくるはずです。

《本シリーズの特徴》
- 中学校レベルから中級者レベルまで5段階に分かれています。自分に合ったレベルからスタートしてください。
- クラシックから現代文学、ノンフィクション、ビジネスと幅広いジャンルを扱っています。あなたの興味に合わせてタイトルを選べます。
- 巻末のワードリストで、いつでもどこでも単語の意味を確認できます。レベル1、2では、文中の全ての単語が、レベル3以上は中学校レベル外の単語が掲載されています。
- カバーにヘッドホーンマークのついているタイトルは、オーディオ・サポートがあります。ウェブから購入／ダウンロードし、リスニング教材としても併用できます。

《使用語彙について》
レベル1：中学校で学習する単語約1000語
レベル2：レベル1の単語＋使用頻度の高い単語約300語
レベル3：レベル1の単語＋使用頻度の高い単語約600語
レベル4：レベル1の単語＋使用頻度の高い単語約1000語
レベル5：語彙制限なし

Contents

Chapter One
Story Rhymes 1

Chapter Two
Rhymes To Sing 17

Chapter Three
Rhymes About History 25

Chapter Four
Games 37

Chapter Five
Rhymes That Teach 47

Chapter Six
Rhymes About Love 53

Chapter Seven
Nonsense Rhymes 59

Chapter Eight
Riddles, Sayings, And Jokes 63

Chapter Nine
Christmas Rhymes 69

Word List 78

読み始める前に

　イギリス、アメリカなど英語文化圏で古くから伝わる童謡をまとめたのが「マザーグース」です。子守唄、物語、教訓めいた話、早口言葉、言葉遊びなど、作者不詳の様々な童謡が1000以上あり、日本でも数多くの翻訳が出版されています。

本書に収録した唄

Chapter 1: Story Rhymes

Old Mother Hubbard	ハバードおばさん
There Was an Old Woman Who Lived in a Shoe	くつの家に住んでいるおばあさん
Jack and Jill	ジャックとジル
Little Miss Muffet	小さなマフェットさん
Who Killed Cock Robin?	誰がこまどり殺したの？
The House That Jack Built	ジャックの建てた家
Wee Willie Winkie	ウィー・ウィリー・ウィンキー
Little Bo-Peep	ちっちゃな羊飼い
Sing a Song of Sixpence	6ペンスの唄を歌おう

Chapter 2: Rhymes to Sing

Baa, Baa, Black Sheep	メェメェ くろひつじさん
Mary Had a Little Lamb	メリーさんのひつじ
Three Blind Mice	三匹の盲目のネズミ
Hot Cross Buns	ほかほか十字パン

Twinkle, Twinkle, Little Star	きらきら星
Twinkle, Twinkle, Little Bat	きらきらひかるコウモリさん
Rock-a-Bye Baby	ロッカバイ・ベイビー

Chapter 3: Rhymes about History

The Lion and the Unicorn	ライオンとユニコーン
Humpty Dumpty	ハンプティ・ダンプティ
Georgie Porgie	ジョージー・ポーギー
Ride a Cock-Horse to Banbury Cross	木馬に乗ってバンベリーのまちかどへ
Mary, Mary, Quite Contrary	へそ曲がりのメリー
The Grand Old Duke of York	いさましいヨークの将軍
London Bridge is Falling Down	ロンドン橋落ちた
Old King Cole	コール王
Lizzie Borden Took an Axe	リジー・ボーデンは斧を取り

Chapter 4: Games

Pat-a-Cake	ケーキをこねて
This Little Piggy	子ブタちゃん市場へいった
Oranges and Lemons	オレンジとレモン
This Is the Way the Ladies Ride	これがご婦人達の馬の乗り方
Ladybird, Ladybird	てんとう虫、てんとう虫
Ring-a-Ring o'Rosie	リング・ア・リング・オー・ローゼズ
Here Sits the Lord Mayor	ここにいるのは市長さん

Chapter 5: Rhymes That Teach

Monday's Child	月曜日生まれのこども
One, Two, Buckle My Shoe	1、2、靴を留めて

For Want of a Nail 釘がないので
For Every Evil Under the Sun この世のどんな悪いことにも

Chapter 6: Rhymes about Love

Lavender's Blue ラヴェンダーは青い
Bonny Lass, Bonny Lass 美しい娘よ、可愛い少女
Old Woman, Old Woman おばあさん、おばあさん

Chapter 7: Nonsense Rhymes

Hey Diddle Diddle ヘイ ディドゥル ディドゥル
Hickory Dickory Dock ヒッコリー・ディッコリードック
The Man in the Moon 月の中に人がいて

Chapter 8: Riddles, Sayings, and Jokes

Elizabeth, Elspeth, Betsy, and Bess
　　　　　　　　　　　　　　エリザベス、エルスペス、ベッツィ、ベス
As I Was Going to St. Ives セント・アイヴズに行く途中
Star Light, Star Bright 星の光、星の輝き
See a Pin and Pick It Up ピンを見たら拾いなさい
Three Wise Men of Gotham ゴッタムの三人の賢者たち

Chapter 9: Christmas Rhymes

Little Jack Horner ジャック・ホーナー少年
Christmas Is Coming クリスマスがやってくる
The Twelve Days of Christmas クリスマスの12日

Introduction

In English-speaking countries, the nursery rhymes of Mother Goose are an important part of childhood. As soon as children can talk, they learn them. Mothers sing them to babies. Children chant them while playing games. Grandparents teach children the nursery rhymes they learned long ago.

Mother Goose is part of the culture. Try asking some adults, "Do you remember any Mother Goose rhymes from your childhood?" You may be surprised by how many they can remember!

Was there a real "Mother Goose"? No one knows for sure. The truth is lost in history. Most Mother Goose rhymes are so old that we will never know who really wrote them. Today the name "Mother Goose" is used to describe all nursery rhymes.

The oldest Mother Goose nursery rhymes date back to the late 1500s and early 1600s, when Shakespeare was alive! Many are from Great Britain. Others (mostly the newer rhymes) are from the United States.

Some rhymes tell stories, while others are songs. Many are about English history. Others teach facts, numbers, or important lessons. Quite a few are nonsense rhymes—rhymes that don't mean much but are fun to say.

Over time, the words in some Mother Goose rhymes have changed. However, most rhymes have stayed the same. It's amazing that children today learn many of the same rhymes that children learned hundreds of years ago!

Chapter One
Story Rhymes

Old Mother Hubbard
Went to the cupboard
To fetch her poor dog a bone;
But when she got there,
The cupboard was bare
And so the poor dog had none.

She went to the grocer's
To buy him some fruit;
But when she came back,
He was playing the flute.

She went to the fishmonger's
To buy him some fish;
But when she came back,
He was licking the dish.

She went to the hatter's
To buy him a hat;
But when she came back,
He was feeding the cat.

She went to the barber's
To buy him a wig;
But when she came back,
He was dancing a jig.

The dame made a curtsey,
The dog made a bow;
The dame said, "Your servant,"
The dog said, "Bow-wow."

Children love this nursery rhyme because although the beginning is sad—old Mother Hubbard has no food for her dog—the rhyme quickly becomes silly. Every time the old lady comes home, the dog does something different to surprise her.

There was an old woman who
    lived in a shoe.
She had so many children,
She didn't know what to do.
She gave them some broth without
    any bread,
And whipped them all soundly and
    put them to bed.

Why do this old woman and her children live in such a strange place? There is a reason: for centuries, shoes have been a symbol of fertility. Even today, people tie shoes to the bride and groom's car after a wedding. These shoes are supposed to bring good luck—and lots of children!

CHAPTER ONE: STORY RHYMES

Jack and Jill went up the hill
To fetch a pail of water.
Jack fell down and broke his crown,
And Jill came tumbling after.

In the English town of Kilmersdon, people believe that Jack and Jill were real. According to local stories, Jack and Jill were young lovers who lived in Kilmersdon long ago. They often met on top of a hill.

If you visit Kilmersdon today, you can go up the same hill. Just don't fall down and hurt your head like Jack! (In the rhyme, "crown" is another word for "head.")

Little Miss Muffet
Sat on a tuffet,
Eating her curds and whey;
Along came a spider,
Who sat down beside her
And frightened Miss Muffet away.

Many people are scared of spiders, just like Miss Muffet. That part of this rhyme is easy to understand! But what is a "tuffet," and what are "curds and whey"?

A tuffet is a small chair with no back and three legs. Curds and whey are a mixture of milk and soft bits of cheese. But don't ask for curds and whey in a restaurant... people don't eat them anymore. The modern version is cottage cheese.

Chapter One: Story Rhymes

Who killed Cock Robin?
I, said the Sparrow,
With my bow and arrow,
I killed Cock Robin.

Who saw him die?
I, said the Fly,
With my little eye,
I saw him die.

Who caught his blood?
I, said the Fish,
With my little dish,
I caught his blood.

Who'll make the shroud?
I, said the Beetle,
With my thread and needle,
I'll make the shroud.

Who will dig his grave?
I, said the Owl,
With my pick and shovel,
I will dig his grave.

Who will be chief mourner?
I, said the Dove,
I mourn for my love,
I will be chief mourner.

Who will sing a psalm?
I, said the Thrush,
As she sat on a bush,
I will sing a psalm.

Who will toll the bell?
I, said the Bull,
Because I can pull,
I will toll the bell.

All the birds of the air
Fell a-sighing and a-sobbing
When they heard the bell toll
For poor Cock Robin.

Robins are popular birds in English songs and folk stories. This sad but beautiful Mother Goose rhyme is about the death of Cock Robin. Some scholars believe that this rhyme is actually about the legendary English hero Robin Hood, who stole from the rich and gave to the poor.

This is the house that Jack built.

This is the malt that lay in the house that Jack built.

This is the rat that ate the malt
That lay in the house that Jack built.

This is the cat that killed the rat
That ate the malt that lay in the house that Jack built.

This is the dog that worried the cat
That killed the rat that ate the malt
That lay in the house that Jack built.

This is the cow with the crumpled horn
That tossed the dog that worried the cat
That killed the rat that ate the malt
That lay in the house that Jack built.

This is the maiden all forlorn
That milked the cow with the crumpled horn
That tossed the dog that worried the cat

That killed the rat that ate the malt
That lay in the house that Jack built.

This is the man all tattered and torn
That kissed the maiden all forlorn
That milked the cow with the crumpled horn
That tossed the dog that worried the cat
That killed the rat that ate the malt
That lay in the house that Jack built.

This is the priest all shaven and shorn
That married the man all tattered and torn
That kissed the maiden all forlorn
That milked the cow with the crumpled horn
That tossed the dog that worried the cat
That killed the rat that ate the malt
That lay in the house that Jack built.

This nursery rhyme is also a memory game. Each sentence describes a little bit more about "the house that Jack built": the malt (a kind of grain) in the house, the rat that ate the malt, the cat that killed the rat that ate the malt, and so on. Children have fun trying to remember all the details.

Wee Willie Winkie runs through the town,
Upstairs and downstairs in his nightgown,
Rapping at the window,
Crying through the lock,
"Are the children all in bed,
　　for it's now eight o'clock?"

As every parent knows, it can be difficult to make children go to sleep. That's why many nursery rhymes are about bedtime! In this rhyme, "wee" is a Scottish word that means "little."

Little Bo-Peep has lost her sheep,
And can't tell where to find them;
Leave them alone,
And they'll come home,
Wagging their tails behind them.

In this Mother Goose rhyme, Bo-Peep is a shepherdess, a young girl who takes care of sheep.

$\mathcal{S}$ing a song of sixpence,
A pocket full of rye;
Four and twenty blackbirds baked in a pie.

When the pie was opened,
The birds began to sing;
Wasn't that a dainty dish
    to set before the king?

        The king was in his counting house,
        Counting out his money;
        The queen was in the parlor,
        Eating bread and honey.

The maid was in the garden,
Hanging out the clothes;
When down came a blackbird
And pecked off her nose!

No one would make a pie full of live, singing birds today. But in the 1600s, cooks really did make pies like that for kings!

Some people think that this nursery rhyme is actually about King Henry VIII (the king), his first wife, Katherine of Aragon (the queen), and Henry's second wife, Anne Boleyn (the maid). In the rhyme, the maid's nose is pecked off—ouch! In real life, however, Anne's head was cut off.

Chapter Two
Rhymes To Sing

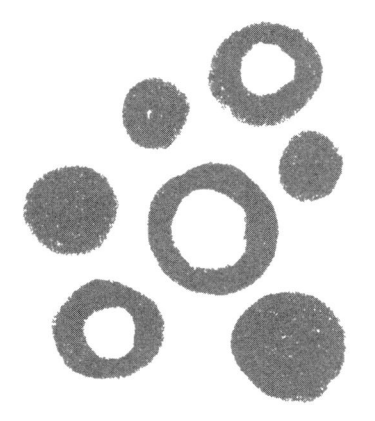

𝓑aa, baa, black sheep,
Have you any wool?
Yes sir, yes sir,
Three bags full.
One for the master,
One for the dame,
And one for the little boy
Who lives down the lane.

Many nursery rhymes are actually songs. "Baa, baa, black sheep" is one example. This rhyme is usually sung to the tune of an old French song, "Ah! Vous dirai-je, Maman," or "Oh! Shall I tell you, Mama."

To hear this rhyme (or any of the rhymes in this chapter) sung aloud, search for them on the Internet.

Mary had a little lamb,
Whose fleece was white as snow;
And everywhere that Mary went,
The lamb was sure to go.

It followed her to school one day,
Which was against the rule;
It made the children laugh and play
To see a lamb at school.

This Mother Goose rhyme is supposedly based on a true story. In the early 1800s, a little girl named Mary and her pet lamb lived in the American town of Sterling, Massachusetts. Today there is still a statue of Mary's famous lamb in the town.

Three blind mice, three blind mice.
See how they run, see how they run!
They all ran after the farmer's wife,
Who cut off their tails with a carving knife.
Did you ever see such a sight in your life,
As three blind mice?

Some nursery rhymes, especially the older ones, are shocking, scary, and even bloody! However—or maybe because of this—children love these rhymes. "Three Blind Mice" (which is at least 400 years old) is one of the scariest.

Hot cross buns!
Hot cross buns!
One ha'penny, two ha'penny,
Hot cross buns!
If you have no daughters,
Give them to your sons.
One ha'penny, two ha'penny,
Hot cross buns!

A hot cross bun is a type of sweet bread. The top of the bun is marked with the shape of the Christian cross. It is usually eaten at Easter.

Long ago, a baker would sing this song in order to sell his buns. Hot cross buns were just one half-penny (or "ha'penny") each!

Twinkle, twinkle, little star,
How I wonder what you are.
Up above the world so high,
Like a diamond in the sky.
Twinkle, twinkle, little star,
How I wonder what you are.

Listen to a recording of "Twinkle, twinkle, little star." Then listen a recording of "Baa, baa, black sheep." You will notice that these two nursery rhymes sound almost exactly alike! That's because they are sung to the same French song, "Ah! Vous dirai-je, Maman."

Twinkle, twinkle, little bat,
How I wonder what you're at!
Up above the world you fly,
Like a tea tray in the sky.
Twinkle, twinkle, little bat,
How I wonder what you're at.

"Twinkle, twinkle, little bat" appears in Lewis Carroll's famous children's story, Alice in Wonderland.

Rock-a-bye baby,
On the treetops,
When the wind blows,
The cradle will rock.
When the bough breaks,
The cradle will fall,
And down will come baby,
Cradle and all.

"Rock-a-bye baby" is a lullaby, a song that helps a baby go to sleep. Some scholars think this nursery rhyme is about Native Americans. According to them, Native Americans sometimes tied a baby's cradle to a tree branch, or bough.

Chapter Three
Rhymes About History

The lion and the unicorn
>   were fighting for the crown.
The lion beat the unicorn all around the town.
Some gave them white bread,
And some gave them brown;
Some gave them plum cake
>   and drummed them out of town.

This nursery rhyme is about two countries: England and Scotland. For centuries, they fought each other. The symbol of England is a lion, and the symbol of Scotland is a unicorn. As the rhyme says, the English beat the Scots and won the crown—gaining control of Great Britain.

Chapter Three: Rhymes About History

Humpty Dumpty sat on a wall,
Humpty Dumpty had a great fall.
All the king's horses and all the king's men
Couldn't put Humpty together again!

"Humpty Dumpty" is one of the most famous nursery rhymes. He is usually shown in pictures as a large, egg-shaped man. Today many people also know Humpty Dumpty as a character in Alice in Wonderland *by Lewis Carroll.*

Georgie Porgie, pudding and pie,
Kissed the girls and made them cry.
When the boys came out to play,
Georgie Porgie ran away.

Some scholars believe that this nursery rhyme is really about King George IV. George was not a popular king, and the rhyme explains why. First, he was fat from too much "pudding and pie"! Also, he was unfaithful to his wife—"kissed the girls and made them cry." Finally, he was not a brave man and often "ran away" from danger.

CHAPTER THREE: RHYMES ABOUT HISTORY

Ride a cock-horse to Banbury Cross,
To see a fine lady upon a white horse;
Rings on her fingers and bells on her toes,
And she shall have music wherever she goes.

Banbury is a town in England. "Banbury Cross" would have been a place in the town where a Christian cross stood. Unfortunately, most of the old crosses in Banbury were destroyed in the 1600s. A "cock-horse" is a fast horse.

Mary, Mary, quite contrary,
How does your garden grow?
With silver bells,
And cockle shells,
And pretty maids all in a row.

Some scholars think this rhyme is about Mary Stuart, who was also called Mary, Queen of Scots. Raised as a Catholic, Mary claimed the English throne. She was eventually beheaded on the orders of her cousin, Queen Elizabeth I.

In the rhyme, silver bells and cockle shells (a type of sea shell) are both symbols of Catholicism. The "pretty maids all in a row" may have been the queen's four ladies-in-waiting. They were famously called "the four Marys."

CHAPTER THREE: RHYMES ABOUT HISTORY

Oh! The grand old Duke of York,
He had ten thousand men;
He marched them up to the top of the hill,
And he marched them down again.

And when they were up, they were up,
And when they were down, they were down,
And when they were only halfway up,
They were neither up nor down.

In Britain, the title "Duke of York" is usually given to the ruler's second son. This rhyme makes fun of the Duke's skill in battle.

London Bridge is falling down,
   falling down, falling down.
London Bridge is falling down,
   my fair lady.

Build it up with wood and clay,
   wood and clay, wood and clay.
Wood and clay will wash away,
   my fair lady.

Build it up with iron bars,
   iron bars, iron bars.
Iron bars will bend and bow,
   my fair lady.

Build it up with silver and gold,
   silver and gold, silver and gold.
Silver and gold will be stole away,
   my fair lady.

Build it up with strongest stone,
>   strongest stone, strongest stone.
Strongest stone will last alone,
>   my fair lady.

The river Thames flows through the city of London. In London's history, many bridges have been built over the river. This rhyme is about the bridge that was built in the 13th century. Because the river was so strong, the bridge often had to be rebuilt.

Old King Cole was a merry old soul,
And a merry old soul was he.
He called for his pipe,
And he called for his bowl,
And he called for his fiddlers three.

Every fiddler he had a fiddle,
And a very fine fiddle had he.
Oh, there's none so rare, as can compare
With King Cole and his fiddlers three.

The "pipe" and the "bowl" in this rhyme are actually musical instruments. The pipe is a flute; the bowl is a type of drum.

Was old King Cole a real person? Some scholars believe that a king named Coel ruled parts of England more than a thousand years ago.

CHAPTER THREE: RHYMES ABOUT HISTORY

Lizzie Borden took an axe,
And gave her mother forty whacks.
When she saw what she had done,
She gave her father forty-one.

Lizzie Borden was a young American woman who was accused of murdering her father and stepmother in 1892. Lizzie was put on trial for the murder, but no one could prove that she had done it. The crime was never solved... and, to this day, many people believe that Lizzie Borden was the murderer.

Chapter Four
Games

$\mathcal{P}$at-a-cake, pat-a-cake, baker's man.
Bake me a cake as fast as you can;
Pat it and prick it
And mark it with a B,
And put it in the oven for baby and me.

Many nursery rhymes are also fun, easy games for parents to play with their baby. To play "Pat-a-cake," just pat the baby's hands and clap them together as you say the rhyme. Pretend that you are making a cake and preparing to bake it!

This little piggy went to market.
This little piggy stayed home.
This little piggy had roast beef,
But this little piggy had none.
And this little piggy went
    "Wee-wee-wee!" all the way home.

This is another rhyme babies love. As you say each line, gently touch one of the baby's toes. Start with the big toe as you say the first line, and end with the little toe when you reach the last line of the rhyme!

Oranges and lemons,
Say the bells of St. Clement's.

You owe me five farthings,
Say the bells of St. Martin's.

When will you pay me?
Say the bells of Old Bailey.

When I grow rich,
Say the bells of Shoreditch.

When will that be?
Say the bells of Stepney.

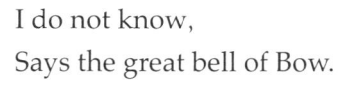

I do not know,
Says the great bell of Bow.

Here comes a candle to light you to bed,
And here comes
   a chopper to chop off your head!

Groups of children play an interesting game using this rhyme. Two children hold hands and lift their arms up like a bridge. The others form a line and walk under "the bridge." The child who is under the bridge when the last words are spoken is out of the game—or, in the words of the rhyme, dead!

This is the way the ladies ride,
Tri, tre, tre, tree,
Tri, tre, tre, tree!
This is the way the ladies ride,
Tri, tre, tre, tre, tri-tre-tre-tree!

This is the way the gentlemen ride,
Gallop-a-trot,
Gallop-a-trot!
This is the way the gentlemen ride,
Gallop-a-gallop-a-trot!

This is the way the farmers ride,
Hobbledy-hoy,
Hobbledy-hoy!
This is the way the farmers ride,
Hobbledy-hobbledy-hoy!

As you say this rhyme, the child sits on your knee like a rider sitting on a horse. Move your knee up and down. First, move gently while describing how the ladies ride. Then move quickly—like a fast horse—to show how the gentlemen ride. Finally, move slowly to show how the farmers ride!

Chapter Four: Games

Ladybird, ladybird,
Fly away home!
Your house is on fire,
And your children are gone.
All except one,
And her name is Ann,
And she hid under the baking pan.

Ladybirds (or ladybugs, as they are called in America) are small red-and-black beetles with little wings. Children say this rhyme when they see one.

Ring-a-ring o'rosie,
A pocket full of posies;
Atishoo!
Atishoo!
We all fall down!

In this game, children hold hands and form a ring. As they say the rhyme, they walk or run in a circle. "Posies" are flowers, and "Atishoo!" is the sound someone makes while sneezing. At the end of the rhyme, everyone falls on the ground.

Here sits the Lord Mayor,
Here sit his two men,
Here sits the cock,
Here sits the hen,
Here sit the little chickens,
Here they run in.
Chin-chopper, chin-chopper,
    chin chopper, chin!

Here is another game to play with a small child. As you say each line of the rhyme, touch a different part of the child's face: the forehead ("the Lord Mayor"), the eyes ("his two men"), right cheek ("the cock"), left cheek ("the hen"), nose ("the little chickens"), and mouth ("Here they run in"). Then, as you say the last line, tickle the child under the chin!

Chapter Five
Rhymes That Teach

Monday's child is fair of face,
Tuesday's child is full of grace,
Wednesday's child is full of woe,
Thursday's child has far to go,
Friday's child is loving and giving,
Saturday's child works hard for a living,
But the child who is born on the Sabbath Day
Is bonny and blithe and good and gay.

By learning this rhyme, children learn the days of the week. The "Sabbath Day" is another name for Sunday—and because Sunday is the holy day for Christians, children born on Sundays are considered the best of all.

One, two,
Buckle my shoe;
Three, four,
Knock at the door;
Five, six,
Pick up sticks;
Seven, eight,
Lay them straight:
Nine, ten,
A big fat hen;
Eleven, twelve,
Dig and delve;
Thirteen, fourteen,
Maids a-courting;
Fifteen, sixteen,
Maids in the kitchen;
Seventeen, eighteen,
Maids a-waiting
Nineteen, twenty,
My plate's empty.

This rhyme teaches children the numbers from one to twenty.

For want of a nail, the shoe was lost.
For want of a shoe, the horse was lost.
For want of a horse, the rider was lost.
For want of a rider, the battle was lost.
For want of a battle, the kingdom was lost.
And all for the want of a horseshoe nail.

This rhyme teaches an important lesson: sometimes, small mistakes can have big consequences.

For every evil under the sun,
There is a remedy,
Or there is none.
If there be one,
Seek till you find it.
If there be none,
Never mind it.

This rhyme gives some good advice. If there is a way to solve a problem, try to find it. But some problems cannot be solved. In those cases, we must do our best and not complain.

Chapter Six
Rhymes About Love

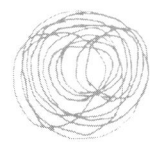

Lavender's blue, diddle, diddle,
Rosemary's green.
When I am king, diddle, diddle,
You shall be queen.

Lavender and rosemary are plants traditionally associated with love. Young girls used lavender's sweet smell as a way to attract lovers. Brides often carried rosemary in their wedding bouquets.

CHAPTER SIX: RHYMES ABOUT LOVE

Bonny lass, bonny lass,
Wilt thou be mine?
Thou shalt not wash dishes
Nor yet feed the swine,
But sit on a cushion
And sew a fine seam,
And feed upon strawberries,
    sugar, and cream.

In this rhyme, a young man asks a girl to be his wife. He promises her an easy life of pleasure. She will not have to work, and she will eat only the most delicious foods.

The rhyme uses some Scottish words. For example, "bonny lass" mean "pretty girl." It also uses some old-fashioned words. "Thou" is another way of saying "you," and "swine" is a fancy word for "pigs."

Old woman, old woman,
    shall we go a-shearing?
Speak a little louder, Sir,
    I'm very thick of hearing.

Old woman, old woman,
    shall we go a-gleaning?
Speak a little louder, Sir,
    I cannot tell your meaning.

Old woman, old woman,
    shall we go a-walking?
Speak a little louder, Sir,
    or what's the use of talking?

Old woman, old woman,
    shall I kiss you dearly?
Thank you, kind Sir,
    I hear you very clearly!

CHAPTER SIX: RHYMES ABOUT LOVE

*This rhyme is a funny one. A man asks an old woman different questions, but she says that she cannot hear or understand him. (*Shearing *means cutting the wool off sheep;* gleaning *is gathering crops from a farm field.) Then, at the very end of the rhyme, the man asks if he can kiss the old woman… and suddenly, her hearing becomes very good!*

Chapter Seven
Nonsense Rhymes

Hey diddle diddle,
The cat and the fiddle,
The cow jumped over the moon,
The little dog laughed to see such sport,
And the dish ran away with the spoon.

Many nursery rhymes use nonsense words: words that don't mean anything but are just fun to say, such as "Hey diddle diddle." These rhymes also describe strange and amazing things that would never happen in real life—like a cow jumping over the moon!

Hickory dickory dock,
The mouse ran up the clock.
The clock struck one,
The mouse ran down,
Hickory dickory dock.

The first words of this rhyme, "Hickory dickory dock," are nonsense, but they have become very famous. The English mystery writer Agatha Christie actually used them as inspiration for the title for one of her best-selling books.

The man in the moon came down too soon,
And asked his way to Norwich.
He went by the south and burnt his mouth
By supping on cold plum porridge.

Many English-speaking children are taught to see a human face—"the man in the moon"—when looking up at the full moon.

Chapter Eight
Riddles, Sayings, And Jokes

Elizabeth, Elspeth, Betsy, and Bess,
They all went together to seek a bird's nest;
They found a bird's nest with five eggs in,
They all took one, and left four in.

How many girls are really in this riddle? The answer is just one: Elizabeth! That is because Elspeth, Betsy, and Bess are all nicknames for Elizabeth.

Chapter Eight: Riddles, Sayings, And Jokes

𝒜s I was going to St. Ives,
I met a man with seven wives.
Every wife had seven sacks,
Every sack had seven cats,
Every cat had seven kits;
Kits, cats, sacks, wives,
How many were going to St. Ives?

Before you start doing math, read this riddle carefully. There is only one person who is going to St. Ives... the person speaking!

Star light,
Star bright,
First star I see tonight,
I wish I may,
I wish I might,
Have the wish I wish tonight.

Have you heard of "wishing upon a star"? That idea comes from this nursery rhyme. To make a wish come true, children look for the very first star of the evening, say this rhyme, and then make their wish.

See a pin and pick it up,
All the day you'll have good luck;
See a pin and let it lay,
Bad luck you'll have all the day.

What does a pin have to do with luck? Long ago, pins cost a lot of money. They were useful and very difficult to make. If you saw a pin lying on the ground, you would definitely pick it up!

Three wise men of Gotham,
They went to sea in a bowl,
And if the bowl had been stronger,
My song would be longer!

Gotham is a village near Nottingham, England. For centuries, many jokes—like the one in this rhyme—were made about Gotham. This was because, in folk stories, the people of Gotham always did very foolish things. Here the "wise men of Gotham" are actually very silly because they go sailing in a bowl, not a ship!

Chapter Nine
Christmas Rhymes

Little Jack Horner sat in a corner,
Eating his Christmas pie;
He put in his thumb, and pulled out a plum,
And said, "What a good boy am I!"

Little Jack Horner's "Christmas pie" was probably a plum pudding, a traditional English Christmas food. It was usually made several weeks or even months before Christmas. Most plum puddings contain beef fat, chopped dried fruit, and alcohol—but no plums!

$\mathcal{C}$hristmas is coming,
The goose is getting fat,
Please put a penny in an old man's hat.
If you haven't got a penny, a ha'penny will do,
If you haven't got a ha'penny,
Then God bless you!

Today many people eat turkey for Christmas dinner. Centuries ago, however, roast goose was the traditional food for Christmas dinner.

On the first day of Christmas,
My true love gave to me
A partridge in a pear tree.

On the second day of Christmas,
My true love gave to me,
Two turtle doves,
And a partridge in a pear tree.

On the third day of Christmas,
My true love gave to me,
Three French hens,
Two turtle doves,
And a partridge in a pear tree.

On the fourth day of Christmas,
My true love gave to me,
Four calling birds,
Three French hens,
Two turtle doves,
And a partridge in a pear tree.

On the fifth day of Christmas,
My true love gave to me,
Five golden rings,
Four calling birds,
Three French hens,
Two turtle doves,
And a partridge in a pear tree.

On the sixth day of Christmas,
My true love gave to me,
Six geese-a-laying,
Five golden rings,
Four calling birds,
Three French hens,
Two turtle doves,
And a partridge in a pear tree.

On the seventh day of Christmas,
My true love gave to me,
Seven swans-a-swimming,
Six geese-a-laying,
Five golden rings,
Four calling birds,
Three French hens,
Two turtle doves,
And a partridge in a pear tree.

On the eighth day of Christmas,
My true love gave to me,
Eight maids-a-milking,
Seven swans-a-swimming,
Six geese-a-laying,
Five golden rings,
Four calling birds,
Three French hens,
Two turtle doves,
And a partridge in a pear tree.

On the ninth day of Christmas,
My true love gave to me,
Nine ladies dancing,
Eight maids-a-milking,
Seven swans-a-swimming,
Six geese-a-laying,
Five golden rings,
Four calling birds,
Three French hens,
Two turtle doves,
And a partridge in a pear tree.

On the tenth day of Christmas,
My true love gave to me,
Ten lords-a-leaping,
Nine ladies dancing,
Eight maids-a-milking,
Seven swans-a-swimming,
Six geese-a-laying,
Five golden rings,
Four calling birds,
Three French hens,
Two turtle doves,
And a partridge in a pear tree.

On the eleventh day of Christmas,
My true love gave to me,
Eleven pipers piping,
Ten lords a-leaping,
Nine ladies dancing,
Eight maids-a-milking,
Seven swans-a-swimming,
Six geese-a-laying,
Five golden rings,
Four calling birds,
Three French hens,
Two turtle doves,
And a partridge in a pear tree.

On the twelfth day of Christmas,
My true love gave to me,
Twelve drummers drumming,
Eleven pipers piping,
Ten lords a-leaping,
Nine ladies dancing,
Eight maids-a-milking,
Seven swans-a-swimming,
Six geese-a-laying,
Five golden rings,
Four calling birds,
Three French hens,
Two turtle doves,
And a partridge in a pear tree.

This Mother Goose rhyme is also a popular Christmas song, or carol. The "twelve days of Christmas" are the days between Christmas and the Feast of the Epiphany on January 6th. Traditionally, the Epiphany marks the day when the baby Jesus was visited by the Magi, the three wise kings from the East.

Word List

- LEVEL 1, 2は本文で使われている全ての語を掲載しています。
  LEVEL 3以上は、中学校レベルの語を含みません。ただし、本文で特殊な
  意味で使われている場合、その意味のみを掲載しています。
- 語形が規則変化する語の見出しは原形で示しています。不規則変化語は本文
  中で使われている形になっています。
- 一般的な意味を紹介していますので、一部の語で本文で実際に使われている
  品詞や意味と合っていないことがあります。
- 品詞は以下のように示しています。

名 名詞	代 代名詞	形 形容詞	副 副詞	動 動詞	助 助動詞
前 前置詞	接 接続詞	間 間投詞	冠 冠詞	略 略語	俗 俗語
熟 熟語	頭 接頭語	尾 接尾語	号 記号	関 関係代名詞	

A

- **a** 冠 ①1つの, 1人の, ある ②~につき
- **a-** 頭《動詞のing形について》~して, ~中で
- **a-courting** 恋愛中の, 結婚しそうな
- **a-gleaning** 落ち穂拾いをする
- **a-leaping** 飛び跳ねている
- **a-shearing** 羊の毛刈りをする
- **a-sighing** ため息をつく
- **a-sobbing** すすり泣く
- **a-waiting** 仕えている
- **a-walking** 散歩をする
- **a.m.** 《A.M.とも》午前
- **about** 前 ①~について ②~のまわりに[で]
- **above** 前 ①~の上に ②~より上で, ~以上で ③~を超えて
- **according** 副《-to~》~によれば[よると]
- **accuse** 動《-of~》~(の理由)で告訴[非難]する
- **actually** 副 実際に, 本当に, 実は
- **adult** 名 大人, 成人
- **advice** 名 忠告, 助言, 意見
- **after** 前 ~の後に[で], ~の次に 副 後に[で]
- **again** 副 再び, もう一度
- **against** 前 ~に対して, ~に反対して, (規則など)に違反して
- **Agatha Christie** アガサ・クリスティ《イギリス生まれの推理作家, 1890-1976》
- **ago** 副 ~前に long ago ずっと前に, 昔
- **Ah! Vous dirai-je, Maman** 《仏》ああ, お話ししたいの, ママ
- **air** 名 空中
- **alcohol** 名 アルコール
- **Alice in Wonderland** 『不思議の国のアリス』《児童文学》
- **alike** 形 よく似ている
- **alive** 形 ①生きている ②活気のある, 生き生きとした
- **all** 形 すべての, ~中 代 全部, すべて(のもの[人]) 名 全体 副 まったく, すっかり all the way ずっと, はるばる, いろいろと best of all 何よりも, いちばん

- □ **almost** 副 ほとんど, もう少しで(〜するところ)
- □ **alone** 副 ひとりで, 〜だけで **leave 〜 alone** 〜をそっとしておく
- □ **along** 前 〜に沿って **come along** やってくる, 現れる
- □ **aloud** 副 大声で, (聞こえるように)声を出して
- □ **also** 副 〜も(また), 〜も同様に 接 その上, さらに
- □ **although** 接 〜だけれども, 〜にもかかわらず, たとえ〜でも
- □ **always** 副 いつも, 常に
- □ **am** 動 〜である, (〜に)いる[ある]《主語がIのときのbeの現在形》
- □ **amazing** 形 驚くべき, 見事な
- □ **America** 名 アメリカ《国名・大陸》
- □ **American** 形 アメリカ(人)の 名 アメリカ人
- □ **an** 冠 ①1つの, 1人の, ある ②〜につき
- □ **and** 接 ①そして, 〜と… ②《同じ語を結んで》ますます ③《結果を表して》それで, だから
- □ **Ann** 名 アン《人名》
- □ **Anne Boleyn** アン・ブーリン《イングランド王ヘンリー8世の2番目の王妃, エリザベス1世の生母》
- □ **another** 形 ①もう1つ[1人]の ②別の
- □ **answer** 名 答え, 応答, 返事
- □ **any** 形 ①《疑問文で》何か, いくつかの ②《否定文で》何も, 少しも(〜ない) ③《肯定文で》どの〜も 代 ①《疑問文で》(〜のうち)何か, どれか, 誰か ②《否定文で》少しも, 何も[誰も]〜ない ③《肯定文で》どれも, 誰でも
- □ **anymore** 副《通例否定文, 疑問文で》今はもう, これ以上, これから
- □ **anything** 代 ①《疑問文で》何か, どれでも ②《否定文で》何も, どれも(〜ない) **anything but** 〜のほかは何でも, 少しも〜でない
- □ **appear** ①現れる, 見えてくる ②(〜のように)見える, 〜らしい
- □ **are** 動 〜である, (〜に)いる[ある]《主語がyou, we, theyまたは複数名詞のときのbeの現在形》
- □ **around** 前 〜のまわりに, 〜のあちこちに
- □ **arrow** 名 矢, 矢のようなもの
- □ **as** 接 ①《as 〜 as …の形で》…と同じくらい〜 ②〜のとおりに, 〜のように ③〜しながら, 〜しているときに ④〜するにつれて, 〜にしたがって ⑤〜なので ⑥〜だけれども ⑦する限りでは 前 ①〜として(の) ②〜の時 同じくらい **as soon as** 〜するとすぐ, 〜するや否や **as 〜 as one can** できる限り〜 **such as** たとえば〜, 〜のような 代 ①〜のような ②〜だが
- □ **ask** 動 ①尋ねる, 聞く ②頼む, 求める **ask for** 〜を注文する
- □ **associated with**《be》〜を連想させる
- □ **at** 前 ①《場所・時》〜に[で] ②《目標・方向》〜に[を], 〜に向かって ③《原因・理由》〜を見て[聞いて・知って] ④〜に従事して, 〜の状態で
- □ **ate** 動 eat(食べる)の過去
- □ **atishoo** 間 ハクション！
- □ **attract** ①引きつける, 引く ②魅力がある, 魅了する
- □ **away** 副 離れて, 遠くに, 去って, わきに
- □ **axe** 名 おの

B

- □ **baa** 名 メー《羊の鳴き声》
- □ **baby** 名 赤ん坊 形 ①赤ん坊の ②小さな
- □ **back** 名 ①背中 ②裏, 後ろ 副 ①戻って ②後ろへ[に]
- □ **bad** 形 ①悪い, へたな, まずい ②気の毒な ③(程度が)ひどい, 激しい

- bad luck 災難, 不運, 悪運
- **bag** 名袋, かばん
- **bake** 動(パンなどを)焼く
- **baker** 名パン屋, パン職人
- **baking pan** (オーブン調理用の)焼き型
- **Banbury Cross** バンベリークロス, バンベリーにある十字塔
- **bar** 名棒, かんぬき
- **barber** 名理髪師, 床屋
- **bare** 形裸の, むき出しの
- **base** 熟be based on ～に基づく
- **bat** 名コウモリ
- **battle** 名戦闘, 戦い
- **be** 動～である, (～に)いる[ある], ～となる 助①《現在分詞とともに用いて》～している ②《過去分詞とともに用いて》～される, ～されている
- **beat** 動打ち負かす
- **beautiful** 形美しい, すばらしい
- **because** 接(なぜなら)～だから, ～という理由で[原因で] because of ～のために, ～の理由で
- **become** 動①(～に)なる ②(～に)似合う ③becomeの過去分詞
- **bed** 名ベッド, 寝所
- **bedtime** 名就寝の時刻
- **beef** 名牛肉
- **been** 動be (～である)の過去分詞 助be (～している・～される)の過去分詞
- **beetle** 名甲虫, カブトムシ
- **before** 前～の前に[で], ～より以前に 接～する前に
- **began** 動begin (始まる)の過去
- **beginning** 名初め, 始まり
- **behead** 動(処刑で人の)首をはねる
- **behind** 前～の後ろに, ～の背後に
- **believe** 動信じる, 信じている, (～と)思う, 考える
- **bell** 名ベル, 鈴, 鐘
- **bend** 動曲がる, 曲げる
- **beside** 前～のそばに, ～と並んで
- **Bess** 名ベス《人名, Elizabethの愛称》
- **best** 形最もよい, 最大[多]の 副最もよく, 最も上手に best of all 何よりも, いちばん 名《the -》①最上のもの ②全力, 精いっぱい do one's best 全力を尽くす
- **best-selling** 形ベストセラーの
- **Betsy** 名ベッツィ《人名, Elizabethの愛称》
- **between** 前(2つのもの)の間に[で・の]
- **big** 形大きい big toe 足の親指
- **bird** 名鳥
- **bit** 名①小片, 少量 ②《a-》少し, ちょっと
- **black** 形黒い, 有色の 名黒, 黒色
- **blackbird** 名黒ツグミ, クロウタドリ
- **bless** 動神の加護を祈る, ～を祝福する God bless you. 神のご加護がありますように。おやまあ。
- **blind** 形視覚障害がある, 目の不自由な
- **blithe** 形陽気な, 快活な
- **blood** 名血, 血液
- **bloody** 形血だらけの, 血なまぐさい, むごい
- **blow** 動(風が)吹く, (風が)～を吹き飛ばす
- **blue** 形青い 名青(色)
- **Bo-Peep** 名羊飼いの女の子, ボー・ピープちゃん
- **bone** 名骨
- **bonny** 形かわいい
- **book** 名本, 書物
- **born** 動be born 生まれる 形生まれた
- **both** 形両方の, 2つともの

- **bough** 名大枝
- **bouquet** 名花束
- **bow** 名 ①お辞儀, えしゃく ②弓, 弓状のもの ③《B-》ボウ教会
- **bow-wow** 名ワン《犬の鳴き声》
- **bowl** 名 ①どんぶり, わん, ボウル ②太鼓の一種
- **boy** 名少年, 男の子
- **branch** 名枝
- **brave** 形勇敢な
- **bread** 名パン
- **break** 動壊す, 折る
- **bride** 名花嫁, 新婦
- **bridge** 名橋
- **bright** 形 ①輝いている, 鮮明な ②快活な ③利口な 副輝いて, 明るく
- **bring** 動 ①持ってくる, 連れてくる ②もたらす, 生じる
- **Britain** 名大ブリテン(島)
- **broke** 動 break (壊す)の過去
- **broth** 名出し汁, (澄んだ)スープ, ブロス
- **brown** 形茶色の ②浅黒い肌の 名茶色(のもの)
- **buckle** 動~をバックル(締め金)で留める
- **build** 動建てる, 確立する **build up with** ~で構築されている
- **built** 動 build (建てる)の過去, 過去分詞
- **bull** 名雄牛
- **bun** 名菓子パン, 丸パン
- **burnt** 動 burn (燃える)の過去, 過去分詞
- **bush** 名低木の茂み
- **but** 接 ①でも, しかし ②~を除いて **anything but** ~のほかは何でも, 少しも~でない **not ~ but …** ~ではなくて… 前~を除いて, ~のほかは 副ただ, のみ, ほんの
- **buy** 動買う, 獲得する
- **by** 前 ①《位置》~のそばに[で] ②《手段・方法・行為者・基準》~によって, ~で ③《期限》~までには ④《通過・経由》~を経由して, ~を通って

C

- **cake** 名菓子, ケーキ
- **call** 動 ①呼ぶ, 叫ぶ ②電話をかける ③立ち寄る **call for** ~を求める, 訴える, ~を呼び求める, 呼び出す
- **calling bird** 呼子鳥《ただし four calling birds はアメリカ的表現でイギリスでは colly bird (colly は「黒」を意味する方言)でヨーロッパツグミのことを言う》
- **came** 動 come (来る)の過去
- **can** 助 ①~できる ②~してもよい ③~でありうる ④《否定文で》~のはずがない **as ~ as one can** できる限り~
- **candle** 名ろうそく
- **cannot** can (~できる)の否定形 (=can not)
- **car** 名自動車
- **care** 名 ①心配, 注意 ②世話, 介護 **take care of** ~の世話をする, ~面倒を見る, ~を管理する
- **carefully** 副注意深く, 丹念に
- **carol** 名聖歌, 賛美歌, キャロル
- **carry** 動 ①運ぶ, 連れていく, 持ち歩く ②伝わる, 伝える
- **carving knife** 肉切り用大型ナイフ
- **case** 名 ①事件, 問題, 事柄 ②実例, 場合 ③実状, 状況, 症状 ④箱
- **cat** 名ネコ(猫)
- **Catholic** 名カトリック教徒
- **Catholicism** 名カトリック教義[信仰]
- **caught** 動 catch (つかまえる)の過去, 過去分詞
- **century** 名100年間, 1世紀

- □ **chair** 名 いす
- □ **change** 動 変わる、変える
- □ **chant** 動 詠唱する
- □ **chapter** 名 (書物の)章
- □ **character** 名 (小説・劇などの)登場人物
- □ **cheek** 名 ほお
- □ **cheese** 名 チーズ
- □ **chicken** 名 ニワトリ(鶏)
- □ **chief mourner** 祭主、喪主
- □ **child** 名 子ども
- □ **childhood** 名 幼年[子ども]時代
- □ **children** 名 child (子ども)の複数
- □ **chin** 名 あご
- □ **chin-chopper** あごは粉砕機
- □ **chop** 動 たたき切る、切り刻む chop off 切り落とす、切断する
- □ **chopped** 形 大きめのみじん切りにした
- □ **chopper** 名 ぶった切る道具[人]
- □ **Christian** 名 キリスト教徒、クリスチャン 形 キリスト(教)の
- □ **Christian cross** 十字架
- □ **Christmas** 名 クリスマス
- □ **circle** 名 円、円周、輪 in a circle 輪になって
- □ **city** 名 ①都市、都会 ②《the –》(全)市民
- □ **claim** 動 ①主張する ②要求する、請求する
- □ **clap** 動 (手を)たたく
- □ **clay** 名 粘土、白土
- □ **clearly** 副 明らかに、はっきりと
- □ **clock** 名 掛け[置き]時計
- □ **clothes** 名 衣服、身につけるもの
- □ **cock** 名 おんどり
- □ **Cock Robin** オスのコマドリ
- □ **cock-horse** 名 揺り木馬、子どもがまたがって遊ぶおもちゃの馬
- □ **cockle shell** ザルガイの貝殻
- □ **Coel** 名 コール王《伝説上の王》
- □ **cold** 形 ①寒い、冷たい ②冷淡な、冷静な
- □ **Cole** 名 コール王《伝説上の王》
- □ **come** 動 ①来る、行く、現れる ②(出来事が)起こる、生じる ③〜になる ④come の過去分詞 come along やってくる、現れる come back 戻る come down 〜を下りて来る come out 出てくる、出掛ける、姿を現す、発行される come true 実現する here comes 〜がやって来た、ほらここに
- □ **compare** 動 比較する、対照する
- □ **complain** 動 不平[苦情]を言う、ぶつぶつ言う
- □ **consequence** 名 結果、成り行き
- □ **consider** 動 ①考慮する、〜しようと思う ②(〜と)みなす
- □ **contain** 動 含む、入っている
- □ **contrary** 副 (〜に)反して、逆らって
- □ **control** 名 ①管理、支配(力) ②抑制
- □ **cook** 名 料理人、コック
- □ **corner** 名 ①曲がり角、角 ②すみ、はずれ
- □ **cost** 名 値段、費用
- □ **cottage cheese** カッテージ・チーズ《凝乳(curd)から作る非熟成チーズ》
- □ **could** 助 ①can (〜できる)の過去 ②《控え目な推量・可能性・願望などを表す》
- □ **count** 動 数える
- □ **counting house** 会計事務所、会計課
- □ **country** 名 国
- □ **cousin** 名 いとこ
- □ **cow** 名 雌牛、乳牛
- □ **cradle** 名 揺りかご
- □ **cream** 名 クリーム
- □ **crime** 名 (法律上の)罪、犯罪

- □ **crop** 名作物, 収穫
- □ **cross** 名十字架, 十字形のもの
- □ **crown** 名 ①冠 ②《the-》王位 ③頂, 頂上
- □ **crumpled** 形らせん状にねじれた
- □ **cry** 動泣く, 叫ぶ, 大声を出す, 嘆く
- □ **culture** 名 ①文化 ②教養
- □ **cupboard** 名食器棚, 戸棚
- □ **curd** 名 (牛乳の)凝乳, カード
- □ **curtsey** 名膝を曲げてするおじぎ
- □ **cushion** 名クッション, 背[座]布団
- □ **cut** 動 ①切る, 刈る ②短縮する, 削る ③cutの過去, 過去分詞 **cut off** 切断する, 切り離す

D

- □ **dainty** 形優美な, きれいな
- □ **dame** 名 (身分のある)女性
- □ **dance** 動踊る, ダンスをする
- □ **danger** 名危険, 障害, 脅威
- □ **date** 名日付, 年月日
- □ **daughter** 名娘
- □ **day** 名 ①日中, 昼間 ②日, 期日 **mark the day** 記念して **one day** (過去の)ある日
- □ **dead** 形死んでいる
- □ **dearly** 副とても, 心から
- □ **death** 名死, 死ぬこと
- □ **definitely** 副限定的に, 明確に, 確実に
- □ **delicious** 形おいしい, うまい
- □ **delve** 動鋤で掘る
- □ **describe** 動 (言葉で)描写する, 特色を述べる, 説明する
- □ **destroy** 動破壊する
- □ **detail** 名細部,《-s》詳細
- □ **diamond** 名ダイヤモンド
- □ **did** 動do (～をする)の過去 助doの過去
- □ **diddle** 間ディドル《擬音》
- □ **die** 動死ぬ, 消滅する
- □ **different** 形異なった, 違った, 別の, さまざまな
- □ **difficult** 形困難な, むずかしい, 扱いにくい
- □ **dig** 動掘る
- □ **dinner** 名 ①ディナー, 夕食 ②夕食[食事]会, 祝宴
- □ **dish** 名 ①大皿 ②料理
- □ **do** 助 ①《ほかの動詞とともに用いて現在形の否定文・疑問文をつくる》②《同じ動詞を繰り返す代わりに用いる》③《動詞を強調するのに用いる》動～をする **do one's best** 全力を尽くす
- □ **does** 動do (～をする)の3人称単数現在 助doの3人称単数現在
- □ **dog** 名犬
- □ **done** 動do (～をする)の過去分詞
- □ **door** 名ドア, 戸
- □ **dove** 名ハト(鳩)
- □ **down** 副 ①下へ, 降りて, 低くなって ②倒れて 前～の下方へ, ～を下って
- □ **downstairs** 副階下で, 下の部屋で 形階下の 名階下
- □ **dried fruit** ドライフルーツ
- □ **drum** 名太鼓, ドラム
- □ **drummer** 名鼓手
- □ **Duke** 名公爵
- □ **Duke of York** ヨーク公爵《イギリスの王族が有する公爵位》

E

- □ **each** 形それぞれの, 各自の 副それぞれに
- □ **each other** 代お互いに
- □ **early** 形 ①(時間や時期が)早い ②初期の, 幼少の, 若い

- □ **east** 名《the –》東, 東部, 東方
- □ **Easter** 名 復活祭, イースター
- □ **easy** 形 ①やさしい, 簡単な ②気楽な, くつろいだ
- □ **eat** 動 食べる, 食事する
- □ **eaten** 動 eat (食べる) の過去分詞
- □ **egg** 名 卵
- □ **egg-shaped** 形 卵形の
- □ **eight** 名 8 (の数字), 8人[個] 形 8の, 8人[個] の
- □ **eighteen** 名 18 (の数字), 18人[個] 形 18の, 18人[個] の
- □ **eighth** 名 第8番目 (の人[物]), 8日 形 第8番目の
- □ **eleven** 名 ①11 (の数字), 11人[個] ②11人のチーム, イレブン 形 11の, 11人[個] の
- □ **eleventh** 名 第11番目 (の人[物]), 11日 形 第11番目の
- □ **Elizabeth** 名 エリザベス《人名》
- □ **Elizabeth I** 名 エリザベス1世《イングランド女王, 1533–1603》
- □ **Elspeth** 名 エルスペス《人名, Elizabethの愛称》
- □ **empty** 形 空の, 空いている
- □ **end** 名 ①終わり, 終末, 死 ②果て, 末, 端 ③目的 at the end of ～の終わりに 動 終わる, 終える
- □ **England** 名 ①イングランド ②英国
- □ **English** 名 ①英語 ②《the –》英国人 形 ①英語の ②英国(人)の
- □ **English-speaking** 形 英語を話す
- □ **Epiphany** 名 御公現の祝日《キリスト教の祭日》
- □ **especially** 副 特別に, とりわけ
- □ **even** 副《強意》～でさえも, ～ですら, いっそう, なおさら
- □ **evening** 名 夕方, 晩
- □ **eventually** 副 結局は
- □ **ever** 副 今までに, これまで, かつて, いつまでも
- □ **every** 形 ①どの～も, すべての, あらゆる ②毎～, ～ごとの every time ～するときはいつも
- □ **everyone** 代 誰でも, 皆
- □ **everywhere** 副 どこにいても, いたるところに
- □ **evil** 形 ①邪悪な ②有害な, 不吉な 名 ①邪悪 ②害, わざわい, 不幸
- □ **exactly** 副 ①正確に, 厳密に, ちょうど ②まったくそのとおり
- □ **example** 名 例, 見本, 模範 for example たとえば
- □ **except** 前 ～を除いて, ～のほかは
- □ **explain** 動 説明する, 明らかにする, 釈明[弁明]する
- □ **eye** 名 目

F

- □ **face** 名 顔, 顔つき be fair of face きれいな顔をしている
- □ **fact** 名 事実, 真相
- □ **fair** 形 ①正しい, 公平[正当]な ②色白の, 金髪の ③《古》美しい be fair of face きれいな顔をしている
- □ **fall** 動 落ちる, 倒れる fall down 落ちる, 転ぶ 名 落下
- □ **famous** 形 有名な, 名高い
- □ **famously** 副 よく知られているように
- □ **fancy** 形 装飾的な
- □ **far** 副 ①遠くに, はるかに, 離れて ②《比較級を強めて》ずっと, はるかに 形 遠い, 向こうの 名 遠方
- □ **farm** 名 農場, 農家
- □ **farmer** 名 農民, 農場経営者
- □ **farthing** 名 ファージング硬貨《13世紀から1960年末までイギリスで使われた4分の1ペニーに相当する硬貨》
- □ **fast** 形 (速度が) 速い
- □ **fat** 形 太った 名 脂肪

WORD LIST

- □ **father** 名 父親
- □ **feast** 名 ①饗宴, ごちそう ②(宗教上の)祝祭日
- □ **feed** 動 食物を与える
- □ **fell** 動 fall (落ちる) の過去
- □ **fertility** 名 肥沃さ, 繁殖力, 豊かさ
- □ **fetch** 動 行って取って[連れて]くる
- □ **few** 代 少数の人[物] **quite a few** かなり多くの
- □ **fiddle** 名 バイオリン
- □ **fiddler** 名 バイオリン弾き
- □ **field** 名 野原, 田畑
- □ **fifteen** 名 15(の数字), 15人[個] 形 15の, 15人[個]の
- □ **fifth** 名 第5番目の(人[物]), 5日 形 第5番目の
- □ **fight** 動 (〜と)戦う, 争う
- □ **finally** 副 最後に, ついに, 結局
- □ **find** 動 ①見つける ②(〜と)わかる, 気づく, 〜と考える ③得る
- □ **fine** 形 ①元気な ②美しい, りっぱな, 申し分ない, 結構な
- □ **finger** 名 (手の)指
- □ **fire** 名 火, 炎, 火事 **on fire** 火がついて, 燃えて
- □ **first** 形 ①第一の, 最初の ②最も重要な
- □ **fish** 名 魚
- □ **fishmonger** 名 魚屋
- □ **five** 名 5(の数字), 5人[個] 形 5の, 5人[個]の
- □ **fleece** 名 羊毛
- □ **flow** 動 流れ出る, 流れる, あふれる 名 ①流出 ②流ちょう(なこと)
- □ **flower** 名 花
- □ **flute** 名 フルート《楽器》
- □ **fly** 動 ①飛ぶ, 飛ばす ②(飛ぶように)過ぎる, 急ぐ **fly away** 飛び去る 名 ハエ
- □ **folk** 形 民間の, 民衆の

- □ **folk story** 昔話, 民話
- □ **follow** 動 ついていく, あとをたどる
- □ **food** 名 食物
- □ **foolish** 形 おろかな, ばかばかしい
- □ **for** 前 ①《目的・原因・対象》〜にとって, 〜のために[の], 〜に対して ②《期間》〜間 ③《代理》〜の代わりに ④《方向》〜へ(向かって) 接 というわけは〜, なぜなら〜, だから
- □ **forehead** 名 ひたい
- □ **forlorn** 形 孤独な, 見捨てられた
- □ **form** 動 形づくる
- □ **forty** 名 40(の数字), 40人[個] 形 40の, 40人[個]の
- □ **fought** 動 fight (戦う) の過去, 過去分詞
- □ **found** 動 find (見つける) の過去, 過去分詞
- □ **four** 名 4(の数字), 4人[個] 形 4の, 4人[個]の
- □ **fourteen** 名 14(の数字), 14人[個] 形 14の, 14人[個]の
- □ **fourth** 名 第4番目の(人・物), 4日 形 第4番目の
- □ **French** 形 フランス(人・語)の
- □ **Friday** 名 金曜日
- □ **frighten** 動 驚かせる, びっくりさせる
- □ **from** 前 ①《出身・出発点・時間・順序・原料》〜から ②《原因・理由》〜がもとで
- □ **fruit** 名 果実, 実
- □ **full** 形 ①満ちた, いっぱいの, 満期の ②完全な, 盛りの, 充実した **be full of** 〜で一杯である 名 全部
- □ **fun** 名 楽しみ, 冗談, おもしろいこと **have fun** 楽しむ **make fun of** 〜を物笑いの種にする, からかう
- □ **funny** 形 ①おもしろい, こっけいな ②奇妙な, うさんくさい

G

- **gain** 動 得る, 増す
- **gallop-a-trot** パカ, パカ《馬が早足で駆ける様子》
- **game** 名 ゲーム, 試合, 遊び, 競技 memory game 記憶ゲーム
- **garden** 名 庭, 庭園
- **gather** 動 集まる, 集める
- **gave** 動 give (与える) の過去
- **gay** 形 快活な, 陽気な, 派手な
- **geese-a-laying** 卵を生むがちょう
- **gentlemen** 名 gentleman (紳士) の複数
- **gently** 副 親切に, 上品に, そっと, 優しく
- **George IV** ジョージ4世《イギリス王, 1762–1830》
- **Georgie Porgie** ジョージー・ポーギー《人名》
- **get** 動 ①得る, 手に入れる ②(ある状態に) なる, いたる ③わかる, 理解する ④〜させる, 〜を(…の状態に)する ⑤(ある場所に) 達する, 着く get there そこに到着する, 目的を達成する, 成功する
- **girl** 名 女の子, 少女
- **give** 動 ①与える, 贈る ②伝える, 述べる ③(〜を) する
- **given** 動 give (与える) の過去分詞
- **gleaning** 名 落ち穂拾い
- **go** 動 ①行く, 出かける ②動く ③進む, 経過する, いたる ④(ある状態に) なる be going to 〜するつもりである go by 〜のそばを通る go doing 〜をしに行く go to sleep 寝る go up 〜に上がる, 登る
- **god** 名 神 God bless you. 神のご加護がありますように。おやまあ。
- **gold** 名 金
- **golden** 形 ①金色の ②金製の
- **gone** 形 去った, 使い果たした, 死んだ

- **good** 形 よい, 上手な, 優れた, 美しい good luck 幸運
- **goose** 名 ガチョウ
- **got** 動 get (得る) の過去, 過去分詞 have got 持っている
- **Gotham** 名 ゴッタム《イギリスのノッティンガムシャー地方にある村》
- **grace** 名 ①優雅, 気品がある ②好意, 親切
- **grain** 名 穀物, 穀類
- **grand** 形 雄大な, 壮麗な
- **grandparent** 名 祖父母
- **grave** 名 墓
- **great** 形 ①大きい, 広大な, (量や程度が)たいへんな ②偉大な, 優れた ③すばらしい, おもしろい
- **Great Britain** 大ブリテン島《英国の主島》
- **green** 形 緑色の, 青々とした 名 緑色
- **grocer** 名 ①食料雑貨商 ②《-'s》食料雑貨店, 食料品店
- **groom** 名 花婿, 新郎
- **ground** 名 地面, 土, 土地 on the ground 地面に
- **group** 名 集団, 群 動 集まる
- **grow** 動 ①成長する, 育つ, 育てる ②増大する, 大きくなる, (次第に〜に) なる

H

- **ha'penny** 半ペニー
- **had** 動 have (持つ) の過去, 過去分詞 動 have の過去《過去完了の文をつくる》
- **half-penny** 名 半ペニー
- **halfway** 副 中間[中途]で, 不完全に
- **hand** 名 手
- **hang** 動 かかる, かける, つるす, ぶら下がる hang out 洗濯物外に干す

- **happen** 動 ①(出来事が)起こる,生じる ②偶然[たまたま]〜する
- **hard** 副 一生懸命に
- **has** 動 have(持つ)の3人称単数現在 助 haveの3人称単数現《現在完了の文をつくる》
- **hat** 名 (縁のある)帽子
- **hatter** 名 帽子屋
- **have** 動 ①持つ,持っている,抱く ②(〜が)ある,いる ③食べる,飲む ④経験する,(病気に)かかる ⑤催す,開く ⑥(人に)〜させる **have to** 〜しなければならない **have fun** 楽しむ **have got** 持っている **have to do with** 〜と関係がある 助《〈have + 過去分詞〉の形で現在完了の文をつくる》〜した,〜したことがある,ずっと〜している
- **he** 代 彼は[が]
- **head** 名 頭
- **hear** 動 聞く,聞こえる **hear of** 〜について聞く
- **heard** 動 hear(聞く)の過去,過去分詞
- **hearing** 名 聞くこと,聴取,聴力 **thick of hearing** 耳が遠い
- **help** 動 助ける,手伝う
- **hen** 名 雌鳥
- **Henry VIII** ヘンリー8世《イングランド王, 1491-1547》
- **her** 代 ①彼女を[に] ②彼女の
- **here** 副 ①ここに[で] ②[- is [are] 〜]ここに〜がある ③さあ,そら **here comes** 〜がやって来た,ほらここに
- **hero** 名 英雄,ヒーロー
- **hey** 間 ①《呼びかけ・注意を促して》おい,ちょっと ②へえ,おや,まあ
- **Hickory dickory dock** ヒッコリー・ディッコリー・ドック《時計の擬音,チックタック,カッチンコッチなど》
- **hid** 動 hide(隠れる)の過去,過去分詞
- **high** 副 高く
- **hill** 名 丘
- **him** 代 彼を[に]
- **his** 代 ①彼の ②彼のもの
- **history** 名 歴史
- **hobbledy-hoy** ポックリ,ポックリ《馬がのんびり歩く様子》
- **hold** 動 つかむ,持つ,抱く
- **holy** 形 聖なる,神聖な
- **home** 名 家,自国,故郷,家庭
- **honey** 名 蜂蜜
- **horn** 名 (牛・羊などの)角
- **horse** 名 馬
- **horseshoe nail** 蹄鉄用くぎ
- **hot** 形 ①暑い,熱い ②できたての,新しい
- **hot cross bun** ホットクロスバン《てっぺんに十字の筋の入ったレーズンパン》
- **house** 名 ①家,家庭 ②(特定の目的のための)建物,小屋
- **how** 副 ①どうやって,どれくらい,どんなふうに ②なんて(〜だろう) ③《関係副詞》〜する方法
- **however** 接 けれども,だが
- **human** 形 人間の,人の 名 人間
- **Humpty Dumpty** ハンプティ・ダンプティ《童話に出てくる卵男》
- **hundred** 名 ①100(の数字),100人[個] ②《-s》何百,多数 **hundreds of** 何百もの〜
- **hurt** 動 傷つける,痛む,害する

I

- **I** 代 私は[が]
- **idea** 名 考え,意見,アイデア,計画
- **if** 接 もし〜ならば,たとえ〜でも,〜かどうか
- **important** 形 重要な,大切な,有力な

- □ **in** 前 ①《場所・位置・所属》〜(の中)に[で・の] ②《時》〜(の時)に[の・で], 〜後(に), 〜の間(に) ③《方法・手段》〜で ④〜を身につけて, 〜を着て ⑤〜に関して, 〜について ⑥《状態》〜の状態で 副 中へ[に], 内へ[に]
- □ **inspiration** 名 霊感, ひらめき, 妙案, 吸気
- □ **instrument** 名 器具, 楽器 musical instrument 楽器
- □ **interesting** 形 おもしろい, 興味を起こさせる
- □ **Internet** 名 インターネット
- □ **introduction** 名 紹介, 導入
- □ **iron** 名 鉄, 鉄製のもの 形 鉄の, 鉄製の
- □ **is** 動 be (〜である) の3人称単数現在
- □ **it** 代 ①それは[が], それを[に] ②《天候・日時・距離・寒暖などを示す》

J

- □ **Jack** 名 ジャック《人名》
- □ **January** 名 1月
- □ **Jesus** 名 イエス・キリスト (前4頃-30頃)《キリスト教の始祖》
- □ **jig** 名 ジグ《ダンス》
- □ **Jill** 名 ジル《人名》
- □ **joke** 名 冗談, ジョーク
- □ **jump** 動 跳ぶ, 跳躍する, 飛び越える, 飛びかかる jump over 〜の上を飛び越える
- □ **just** 形 正しい, もっともな, 当然な 副 ①まさに, ちょうど, (〜した) ばかり ②ほんの, 単に, ただ〜だけ ③ちょっと

K

- □ **Katherine of Aragon** キャサリン・オブ・アラゴン《イングランド王ヘンリー8世の1人目の王妃, 1487-1536》
- □ **kill** 動 殺す, 消す, 枯らす
- □ **Kilmersdon** 名 キルマーズドン《地名》
- □ **kind** 形 親切な, 優しい 名 種類 kind of ある程度, いくらか, 〜のようなもの[人]
- □ **king** 名 王, 国王
- □ **King Cole** コール王《伝説上の王》
- □ **King George IV** ジョージ4世《イギリス王, 1762-1830》
- □ **King Henry VIII** ヘンリー8世《イングランド王, 1491-1547》
- □ **kingdom** 名 王国
- □ **kiss** 動 キスする
- □ **kit** 名 子猫
- □ **kitchen** 名 台所, 調理場
- □ **knee** 名 ひざ
- □ **knife** 名 ナイフ, 包丁
- □ **knock** 動 ノックする, たたく, ぶつける
- □ **know** 動 ①知っている, 知る, (〜が) わかる, 理解している

L

- □ **ladies-in-waiting** 名 (女王の) 女官
- □ **lady** 名 婦人, 夫人, 淑女, 奥さん
- □ **ladybird** 名 テントウムシ
- □ **ladybug** 名 テントウムシ
- □ **lamb** 名 子羊
- □ **lane** 名 車線, 小道
- □ **large** 形 大きい, 広い
- □ **lass** 名 少女
- □ **last** 形 最後の 動 続く, 持ちこたえる
- □ **late** 形 遅い, 後期の
- □ **laugh** 動 笑う make someone laugh (人) を笑わせる

- **lavender** 名ラベンダー《植物》
- **lay** 動①置く, 横たえる, 敷く ②lie (横たわる)の過去
- **learn** 動学ぶ, 習う, 教わる, 知識[経験]を得る
- **least** 名最小, 最少 at least 少なくとも
- **leave** 動①出発する, 去る ②残す, 置き忘れる ③(〜を…に)ままにしておく ④ゆだねる leave 〜 alone 〜をそっとしておく
- **left** 形左の, 左側の 動leave (〜をあとに残す)の過去, 過去分詞
- **leg** 名①脚, すね ②支柱
- **legendary** 形伝説(上)の, 有名な
- **lemon** 名レモン
- **lesson** 名教訓, 戒め
- **let** 動(人に〜)させる, (〜するのを)許す, (〜をある状態に)する
- **Lewis Carroll** ルイス・キャロル《イギリスの作家, 詩人, 数学者, 1832–1898》
- **lick** 動なめる, なめて食べる
- **life** 名①一生, 生涯, 人生 ②生活, 暮らし, 世の中
- **lift** 動持ち上げる, 上がる
- **light** 名光, 明かり 動火をつける, 照らす, 明るくする
- **like** 前〜に似ている, 〜のような
- **line** 名①線, 糸 ②(字の)行
- **lion** 名ライオン
- **listen** 動《– to 〜》〜を聞く, 〜に耳を傾ける
- **little** 形①小さい, 幼い ②少しの, 短い ③ほとんど〜ない, 《a –》少しはある little toe 足の小指
- **Little Jack Horner** ジャック・ホーナー坊や
- **Little Miss Muffet** ちいさなマフェットさん
- **live** 動住む, 暮らす, 生きている 形生きている, 生きた
- **living** 動live (住む)の現在分詞 名生計, 生活 形①生きている, 現存の ②使用されている ③そっくりの
- **Lizzie Borden** リジー・ボーデン《実父と継母の斧による惨殺事件の中心人物, 1860–1927》
- **local** 形地方の
- **lock** 名錠(前)
- **London** 名ロンドン《英国の首都》
- **London Bridge** ロンドン橋《ロンドンを流れるテムズ川にかかる橋》
- **long** 形①長い, 長期の ②《長さ・距離・時間などを示す語句を伴って》〜の長さ[距離・時間]の long ago ずっと前に, 昔
- **look** 見る look for 〜を探す look up 見上げる, 調べる
- **lord** 名首長, 主人, 領主, 貴族
- **Lord Mayor** 市長
- **lords-a-leaping** 飛び跳ねる領主
- **lost** 動lose (失う)の過去, 過去分詞 形失った, 負けた
- **lot** 名たくさん, たいへん, 《a – of 〜 / – s of 〜》たくさんの〜
- **loud** 形大声の, 騒がしい
- **love** 名愛, 愛情, 思いやり 動愛する, 恋する, 大好きである
- **lover** 名愛人, 恋人
- **loving** 形愛する, 愛情のこもった
- **luck** 名運, 幸運, めぐり合わせ bad luck 災難, 不運, 悪運 good luck 幸運
- **lullaby** 名子守歌
- **lying** 動lie (横たわる)の現在分詞

M

- **made** 動make (作る)の過去, 過去分詞
- **Magi** 名東方の三博士《新約聖書》
- **maid** 名お手伝い, メイド

- ☐ **maiden** 名 娘, 乙女, 少女
- ☐ **maids-a-milking** 乳搾りの娘
- ☐ **make** 動 ①作る, 得る ②行う, (〜になる) ③(〜を…に)する, (〜を…)させる **make a wish** 願い事をする **make fun of** 〜を物笑いの種にする, からかう **make someone laugh** (人)を笑わせる
- ☐ **malt** 名 麦芽, モルト
- ☐ **mama** 名 ママ
- ☐ **man** 名 男性, 人, 人類
- ☐ **many** 形 多数の, たくさんの **so many** 非常に多くの 代 多数(の人・物)
- ☐ **march** 動 行進する[させる]
- ☐ **mark** 動 印[記号]をつける, (特別な出来事を)記念する **mark the day** 記念して
- ☐ **market** 名 市場, マーケット
- ☐ **marry** 動 結婚する
- ☐ **Mary** 名 メアリー《人名》
- ☐ **Mary Stuart** メアリー・ステュアート《スコットランド女王, 1542-1587》
- ☐ **Mary, Queen of Scots** メアリー・ステュアート《スコットランド女王, 1542-1587》
- ☐ **Massachusetts** 名 マサチューセッツ州
- ☐ **master** 名 主人, 雇い主
- ☐ **math** 名 数学
- ☐ **may** 助 ①〜かもしれない ②〜してもよい, 〜できる
- ☐ **maybe** 副 たぶん, おそらく
- ☐ **mayor** 名 市長, 町長
- ☐ **me** 代 私を[に]
- ☐ **mean** 動 意味する
- ☐ **meaning** 名 意味, 趣旨
- ☐ **memory** 名 記憶(力), 思い出 **memory game** 記憶ゲーム
- ☐ **men** 名 man (男性)の複数
- ☐ **merry** 形 陽気な, 愉快な, 快活な

- ☐ **met** 動 meet (会う)の過去, 過去分詞
- ☐ **mice** 名 mouse (ネズミ)の複数
- ☐ **might** 助《mayの過去》①〜かもしれない ②〜してもよい, 〜できる
- ☐ **milk** 名 牛乳, ミルク 動 乳をしぼる
- ☐ **mind** 動 ①気にする, いやがる ②気をつける, 用心する
- ☐ **mine** 代 私のもの
- ☐ **Miss** 名 〜さん《独身女性の名字の前につける敬称》
- ☐ **mistake** 名 誤り, 誤解, 間違い
- ☐ **mixture** 名 ①混合 ②入り混じったもの
- ☐ **modern** 形 現代[近代]の, 現代的な, 最近の
- ☐ **Monday** 名 月曜日
- ☐ **money** 名 金, 通貨
- ☐ **month** 名 月, 1カ月
- ☐ **moon** 名 月, 月光
- ☐ **more** 副 もっと, さらに多く, いっそう
- ☐ **most** 形 ①最も多い ②たいていの, 大部分の 代 ①大部分, ほとんど ②最多数, 最大限 副 最も(多く)
- ☐ **mostly** 副 主として, 多くは, ほとんど
- ☐ **mother** 名 母, 母親
- ☐ **Mother Goose** マザー・グース
- ☐ **mourn** 動 悲しむ, 悼む, 喪に服す
- ☐ **mourner** 名 chief mourner 祭主, 喪主
- ☐ **mouse** 名 (ハツカ)ネズミ
- ☐ **mouth** 名 口
- ☐ **move** 動 動く, 動かす
- ☐ **much** 形 (量・程度が)多くの, 多量の 副 ①とても, たいへん ②《比較級・最上級を修飾して》ずっと, はるかに **too much** 過度の
- ☐ **murder** 名 人殺し, 殺害, 殺人事件 動 殺す
- ☐ **murderer** 名 殺人犯

- □ **music** 名 音楽, 楽曲
- □ **musical** 形 音楽の musical instrument 楽器
- □ **must** 助 ①〜しなければならない ②〜に違いない
- □ **my** 代 私の
- □ **my fair lady** マイフェアレディ (私のきれいなお嬢様)
- □ **mystery** 名 ①神秘, 不可思議 ②推理小説, ミステリー

N

- □ **nail** 名 くぎ
- □ **name** 名 名前 動 名前をつける
- □ **Native American** 先住アメリカ人
- □ **near** 前 〜の近くに, 〜のそばに
- □ **needle** 名 針
- □ **neither** 形 どちらの〜も…でない 副《否定文に続いて》〜も…しない neither 〜 nor … 〜も…もない
- □ **nest** 名 巣
- □ **never** 副 決して[少しも]〜ない, 一度も[二度と]〜ない
- □ **new** 形 ①新しい, 新規の ②新鮮な, できたての
- □ **nickname** 名 愛称, あだ名
- □ **nightgown** 名 ナイトガウン
- □ **nine** 名 9(の数字), 9人[個] 形 9の, 9人[個]の
- □ **nineteen** 名 19(の数字), 19人[個] 形 19の, 19人[個]の
- □ **ninth** 名 第9番目(の人[物]), 9日目 形 第9番目の
- □ **no** 副 ①いいえ, いや ②少しも〜ない 形 〜がない, 少しも〜ない, 〜どころでない, 〜禁止
- □ **no one** 代 誰も[一人も]〜ない
- □ **none** 代 (〜の)何も[誰も・少しも]…ない
- □ **nonsense** 名 ばかげたこと, ナンセンス
- □ **nor** 接 〜もまたない neither 〜 nor … 〜も…もない
- □ **Norwich** 名 ノリッジ《地名》
- □ **nose** 名 鼻
- □ **not** 副 〜でない, 〜しない not 〜 but … 〜ではなくて…
- □ **notice** 気づく, 認める
- □ **Nottingham** 名 ノッティンガム《地名》
- □ **now** 副 今(では), 現在
- □ **number** 名 数, 数字, 番号
- □ **nursery rhyme** 童謡, わらべ歌

O

- □ **o'clock** 副 〜時
- □ **o'rosie** 熟 Ring-a-ring o'rosie バラの輪を作ろうよ
- □ **of** 前 ①《所有・所属・部分》〜の, 〜に属する ②《性質・特徴・材料》〜の, 〜製の ③《部分》〜のうち ④《分離・除去》〜から
- □ **off** 副 ①離れて ②はずれて ③止まって ④休んで 前 〜を離れて, 〜をはずれて, (値段が)〜引きの
- □ **often** 副 しばしば, たびたび
- □ **oh** 間 ああ, おや, まあ
- □ **old** 形 ①年取った, 老いた ②〜歳の ③古い, 昔の
- □ **Old Bailey** オールド・ベイリー《中央刑事裁判所の通称》
- □ **Old Mother Hubbard** ハバードおばさん
- □ **old-fashioned** 形 時代遅れの, 旧式な
- □ **on** 前 ①《場所・接触》〜(の上)に ②《日・時》〜に, 〜と同時に, 〜のすぐ後で ③《関係・従事》〜に関して, 〜について, 〜して 副 ①身につけて, 上に ②前へ, 続けて

- **one** 名1(の数字), 1人[個] 形①1の, 1人[個]の ②ある― ③《the ―》唯一の one day (過去の)ある日, (未来の)いつか 代①(一般の)人, ある物 ②一方, 片方 ③〜なもの
- **only** 副①単に, 〜にすぎない, ただ〜だけ ②やっと
- **open** 動①開く, 始まる ②広がる, 広げる
- **or** 接①〜か…, または ②さもないと ③すなわち, 言い換えると
- **orange** 名オレンジ
- **order** 名命令 in order to 〜するために, 〜しようと
- **other** 代①ほかの人[物] ②《the ―》残りの1つ
- **ouch** 間痛い!
- **our** 代私たちの
- **out** 副①外へ[に], 不在で, 離れて ②世に出て ③消えて ④すっかり out of ①〜から外へ, 〜から抜け出して ②〜の範囲外に, 〜から離れて 前〜から外へ[に]
- **oven** 名かまど, 天火, オーブン
- **over** 前①〜の上の[に], 〜を一面に覆って ②〜を越えて, 〜以上に, 〜よりまさって ③〜の向こう側の[に] ④〜の間 副①上に, 一面に, ずっと 形①上部の, 上位の, 過多の ②終わって, すんで over time 時間とともに, そのうち
- **owe** 動①(〜を)負う, (〜を人の)お陰とする ②(金を)借りている, (人に対して〜の)義務がある
- **owl** 名フクロウ(梟), ミミズク

P

- **pail** 名バケツ
- **pan** 名平なべ, フライパン baking pan (オーブン調理用の)焼き型
- **parent** 名《-s》両親
- **parlor** 名①パーラー, 店 ②客間 ③休憩室
- **part** 名①部分, 割合 ②役目
- **partridge** 名ヤマウズラ
- **pat** 動軽くたたく, ぱたぱた音を立てる
- **pat-a-cake** ケーキをこねて
- **pay** 動支払う, 払う
- **pear** 名洋ナシ
- **peck** 動(くちばしで)つつく, ついばむ
- **penny** 名ペニー, ペンス《英国の貨幣単位。1/100ポンド》
- **people** 名(一般に)人々
- **person** 名人
- **pet** 形お気に入りの, 愛がんの
- **pick** 動①(花・果実などを)摘む, もぐ ②選ぶ, 精選する ③(〜を)摘み取る pick up 拾い上げる
- **picture** 名絵
- **pie** 名パイ
- **pig** 名ブタ(豚)
- **piggy** 名子豚
- **pin** 名ピン, 細い留め具
- **pipe** 名①管, 筒, パイプ ②フルート 動①笛を吹く ②パイプで送る
- **piper** 名笛吹き
- **place** 名①場所, 建物 ②余地, 空
- **plant** 名植物, 草木
- **plate** 名(浅い)皿
- **play** 動遊ぶ
- **please** 間どうぞ, お願いします
- **pleasure** 名喜び, 楽しみ, 満足, 娯楽
- **plum** 名セイヨウスモモ, プラム
- **pocket** 名ポケット, 袋
- **poor** 形①貧しい, 乏しい, 粗末な, 貧弱な ②不幸な, 哀れな, 気の毒な 名貧民, 困窮者
- **popular** 形①人気のある, 流行の ②一般的な, 一般向きの
- **porridge** 名かゆ, ポリッジ《穀物

を水などで煮たかゆ状のもの》
- **posies** 名 posy（花束）の複数形
- **posy** 名 花束
- **prepare** 動 準備[用意]をする
- **pretend** 動 ふりをする, 装う
- **pretty** 形 かわいい, きれいな
- **prick** 動 刺す, 穴をあける
- **priest** 名 聖職者, 牧師, 僧侶
- **probably** 副 たぶん, あるいは
- **problem** 名 問題, 難問
- **promise** 動 約束する
- **prove** 動 証明する
- **psalm** 名 賛美歌, 聖歌
- **pudding** 名 プディング
- **pull** 動 ①引く, 引っ張る ②引きつける pull out 引き抜く, 引き出す, 取り出す
- **put** 動 ①置く, のせる ②入れる, つける ③(ある状態に)する ④putの過去, 過去分詞 put in ～の中に入れる put in for (職など)を申し込む put on ①～を身につける, 着る ②～の上に置く be put on trial for ～のかどで裁判に掛けられる put together 組み立てる

Q

- **queen** 名 女王, 王妃
- **Queen Elizabeth I** エリザベス1世《イングランド女王, 1533–1603》
- **question** 名 質問, 疑問, 問題
- **quickly** 副 敏速に, 急いで
- **quite** 副 ①まったく, すっかり, 完全に ②かなり, ずいぶん ③ほとんど quite a few かなり多くの

R

- **raise** 動 ～を育てる
- **ran** 動 run（走る）の過去
- **rap** 動 こつんとたたく
- **rare** 形 まれな, 珍しい
- **rat** 名 ネズミ
- **reach** 動 着く, 到着する, 届く
- **read** 動 読む, 読書する
- **real** 形 実際の, 実在する, 本物の
- **really** 副 本当に, 実際に, 確かに
- **reason** 名 理由
- **rebuilt** 動 rebuild（再建する）の過去, 過去分詞
- **recording** 名 録音, 録画, レコーディング
- **red-and-black** 形 赤と黒の
- **remedy** 名 治療(薬), 改善(案)
- **remember** 動 思い出す, 覚えている, 忘れないでいる
- **restaurant** 名 レストラン, 料理店, 食堂
- **rhyme** 名 韻, 脚韻
- **rich** 形 富んだ, 金持ちの 名 裕福な人
- **riddle** 名 なぞなぞ
- **ride** 動 乗る, 乗って行く, 馬に乗る
- **rider** 名 (馬などの)乗り手
- **right** 形 右(側)の
- **ring** 名 輪, 円形, 指輪
- **Ring-a-ring o'rosie** バラの輪を作ろうよ
- **river** 名 川
- **roast** 形 ローストした
- **roast beef** ローストビーフ
- **robin** 名 コマドリ《鳥》
- **Robin Hood** ロビン・フッド《中世イングランドの伝説的英雄》
- **rock** 動 揺れる, 揺らす
- **rock-a-bye** ねんねんころり《子守歌》
- **rosemary** 名 ローズマリー
- **row** 名 (横に並んだ)列 in a row 1列に(並んで), 連続して

- □ **rule** 名 ①規則, ルール ②支配 動 支配する
- □ **ruler** 名 支配者
- □ **run** 動 ①走る ②運行する ③(川が)流れる ④経営する **run after** ～を追いかける **run away** 走り去る, 逃げ出す **run down** 駆け下りる **run in** 走って入る **run through** 走り抜ける **run up** ～に走り寄る
- □ **rye** 名 ライ麦

S

- □ **Sabbath Day** 安息日(日曜日)
- □ **sack** 名 (大型の丈夫な)袋
- □ **sad** 形 悲しい, 悲しげな
- □ **said** 動 say(言う)の過去, 過去分詞
- □ **sail** 動 帆走する, 航海する, 出航する
- □ **same** 形 ①同じ, 同様の ②前述の 代 《the ー》同一の人[物]
- □ **sat** 動 sit(座る)の過去, 過去分詞
- □ **Saturday** 名 土曜日
- □ **saw** 動 see(見る)の過去
- □ **say** 動 言う, 口に出す
- □ **saying** 名 ことわざ, 格言, 発言
- □ **scared** 形 おびえた, びっくりした **be scared of** ～を恐れる
- □ **scary** 形 恐ろしい, こわい, 臆病な
- □ **scholar** 名 学者
- □ **school** 名 学校
- □ **Scot** 名 スコット人
- □ **Scotland** 名 スコットランド《英国の北部地方》
- □ **Scottish** 形 スコットランドの
- □ **sea** 名 海,《the ～ S-, the S- of ～》～海
- □ **seam** 名 縫い目, 継ぎ目
- □ **search** 動 捜し求める, 調べる
- □ **second** 形 第2の, 2番の
- □ **see** 動 ①見る, 見える, 見物する ②(～と)わかる, 認識する, 経験する ③会う ④考える, 確かめる, 調べる ⑤気をつける
- □ **seek** 動 捜し求める, 求める
- □ **sell** 動 売る, 売っている, 売れる
- □ **sentence** 名 文
- □ **servant** 名 召使, 使用人, しもべ
- □ **set** 動 置く, 当てる, つける
- □ **seven** 名 7(の数字), 7人[個] 形 7の, 7人[個]の
- □ **seventeen** 名 17(の数字), 17人[個] 形 17の, 17人[個]の
- □ **seventh** 名 第7番目(の人・物), 7日 形 第7番目の
- □ **several** 形 ①いくつかの ②めいめいの
- □ **sew** 動 縫い物をする, 縫い付ける
- □ **Shakespeare** 名 (ウィリアム・)シェイクスピア《英国の劇作家, 詩人, 1564–1616》
- □ **shall** 助 ①《I が主語で》～するだろう, ～だろう ②《I 以外が主語で》(…に)～させよう, (…は)～することになるだろう **Shall I ～?** (私が)～しましょうか。 **Shall we ～?** (一緒に)～しましょうか。
- □ **shalt** 助 《古》shall の直説法2人称単数現在形
- □ **shape** 名 形, 姿, 型
- □ **shaven** 動 shave(そる)の過去分詞
- □ **she** 代 彼女は[が]
- □ **shearing** 名 羊の毛刈り
- □ **sheep** 名 羊
- □ **shell** 名 貝殻 **cockle shell** ザルガイの貝殻
- □ **shepherdess** 名 女性の羊飼い
- □ **ship** 名 船
- □ **shocking** 形 衝撃的な, ショッキングな
- □ **shoe** 名 《-s》靴

- **Shoreditch** 名 ショアディッチ教会
- **shorn** 動 shear（刈り取る）の過去分詞
- **shovel** 名 シャベル
- **show** 動 見せる, 示す, 見える
- **shown** 動 show（見せる）の過去分詞
- **shroud** 名 経かたびら《死体に着せる白衣》
- **sight** 名 光景, 眺め
- **silly** 形 おろかな, 思慮のない
- **silver** 名 銀, 銀貨, 銀色
- **sing** 動 ①（歌を）歌う ②さえずる
- **sir** 名 あなた, 先生《目上の男性, 客などに対する呼びかけ》
- **sit** 動 座る, 腰掛ける
- **six** 名 6（の数字）, 6人[個] 形 6の, 6人[個]の
- **sixpence** 名 6ペンス
- **sixteen** 名 16（の数字）, 16人[個] 形 16の, 16人[個]の
- **sixth** 第6番目（の人・物）, 6日 形 第6番目の
- **skill** 名 技能, 技術
- **sky** 名 空, 天空, 大空
- **sleep** 名 睡眠, 冬眠 **go to sleep** 寝る
- **slowly** 副 遅く, ゆっくり
- **small** 形 小さい, 少ない
- **smell** 動 ①（～の）においがする ②においをかぐ
- **sneeze** 動 くしゃみをする
- **snow** 名 雪
- **so** 副 ①とても ②同様に, ～もまた ③《先行する句・節の代用》そのように, そう 接 ①だから, それで ②では, さて **and so** そこで, それだから, それで **and so on** ～など, その他もろもろ **so many** 非常に多くの **so ~ that** … 非常に～なので…
- **soft** 形 柔らかい, 手ざわり[口あたり]のよい
- **solve** 動 解く, 解決する
- **some** 形 ①いくつかの, 多少の ②ある, 誰か, 何か 副 約, およそ 代 ①いくつか ②ある人[物]たち
- **someone** 代 ある人, 誰か
- **something** 代 ①ある物, 何か ②いくぶん, 多少
- **sometimes** 副 時々, 時たま
- **son** 名 息子, 子弟, ～の子
- **song** 名 歌, 詩歌, 鳴き声
- **soon** 副 まもなく, すぐに, すみやかに **as soon as** ～するとすぐ, ～するや否や
- **soul** 名 ①魂 ②精神, 心
- **sound** 名 音, 騒音, 響き, サウンド 動 ①音がする, 鳴る ②（～のように）思われる,（～と）聞こえる 副（睡眠を）ぐっすりと, 十分に
- **soundly** 副 したたか, 激しく
- **south** 名《the –》南, 南方, 南部
- **sparrow** 名 スズメ（雀）
- **speak** 動 話す, 言う, 演説する
- **spider** 名 クモ（蜘蛛）
- **spoken** 動 speak（話す）の過去分詞 形 口語の
- **spoon** 名 スプーン 動 スプーンですくう
- **sport** 名 ①スポーツ ②《-s》競技会, 運動会
- **St. Clement's** セント・クレメント教会（イーストチープ）またはセント・クレメント・デーンズ教会（ストランド）
- **St. Ives** セント・アイヴス《街の名》
- **St. Martin's** セント・マーチン教会
- **star** 名 星 **wish upon a star** 星に願いをかける
- **start** 動 出発する, 始まる, 始める
- **statue** 名 像
- **stay** 動 ①とどまる, 泊まる, 滞在

する ②持続する，(〜の)ままでいる steal away 〜をこっそり盗み去る
- **stepmother** 名 義母，継母
- **Stepney** 名 ステプニー教会
- **Sterling** 名 スターリング《地名》
- **stick** 名 棒，杖
- **still** 副 ①まだ，今でも ②それでも(なお)
- **stole** 動 steal(盗む)の過去
- **stone** 名 石，小石
- **stood** 動 stand(立つ)の過去，過去分詞
- **story** 名 物語，話
- **straight** 副 ①一直線に，まっすぐに，垂直に ②率直に
- **strange** 形 ①知らない，見[聞き]慣れない ②奇妙な，変わった
- **strawberry** 名 イチゴ(苺)
- **strong** 形 強い，堅固な，強烈な
- **struck** 動 strike(打つ)の過去，過去分詞
- **such** 形 ①そのような，このような ②そんなに，とても，非常に such a そのような such as たとえば〜，〜のような
- **suddenly** 副 突然，急に
- **sugar** 名 砂糖
- **sun** 名《the -》太陽，日 under the sun 青空の下で
- **Sunday** 名 日曜日
- **sung** 動 sing(歌う)の過去分詞
- **sup** 動 (匙などで)〜を少しずつ口に入れる
- **suppose** 動 ①仮定する，推測する ②《be -d to 〜》〜することになっている，〜するものである
- **supposedly** 副 たぶん，仮に，推定では
- **sure** 形 確かな，確実な be sure to do 必ず〜する for sure 確かに
- **surprise** 動 驚かす，不意に襲う
- **surprised** 形 驚いた
- **swans-a-swimming** 泳ぐ白鳥
- **sweet** 形 甘い
- **swine** 名 豚
- **symbol** 名 シンボル，象徴

T

- **tail** 名 尾，しっぽ
- **take** 動 ①取る，持つ ②(ある動作を)する take care of 〜の世話をする，〜面倒を見る，〜を管理する
- **talk** 動 話す，語る，相談する
- **talking** 名 おしゃべり，話すこと
- **tattered** 形 ぼろを着た，ぼろぼろの
- **taught** 動 teach(教える)の過去，過去分詞
- **tea tray** 名 茶盆
- **teach** 動 教える
- **tell** 動 ①話す，言う，語る ②教える，知らせる，伝える
- **ten** 名 10(の数字)，10人[個] 形 10の，10人[個]の
- **tenth** 名 第10番目(の人・物)，10日 形 第10番目の
- **-th**《基数から序数を作る》
- **Thames** 名 テムズ川《ロンドンを流れる》
- **than** 接 〜よりも，〜以上に
- **thank** 動 感謝する，礼を言う
- **that** 形 その，あの 代 ①それ，あれ，その[あの]人[物] ②《関係代名詞》〜である… 接 〜ということ，〜なので，〜だから so 〜 that … 非常に〜なので… 副 そんなに，それほど
- **the** 冠 ①その，あの ②《形容詞の前で》〜な人々 副《- + 比較級，- + 比較級》〜すればするほど…
- **their** 代 彼(女)らの，それらの
- **them** 代 彼(女)らを[に]，それらを[に]

- **then** 副 その時(に・は), それから, 次に 形 その当時の
- **there** 副 ①そこに[で・の], そこへ, あそこへ ②《 – is [are] ～》～がある[いる] **get there** そこに到着する, 目的を達成する, 成功する
- **these** 代 これら, これ 形 これらの, この
- **they** 代 ①彼(女)らは[が], それらは[が] ②(一般の)人々は[が]
- **thick** 形 厚い, 密集した, 濃厚な **thick of hearing** 耳が遠い
- **thing** 名 ①物, 事 ②《-s》事情, 事柄 ③《one's -s》持ち物, 身の回り品
- **think** 動 思う, 考える
- **third** 名 第3(の人[物]) 形 第3の, 3番の
- **thirteen** 名 13(の数字), 13人[個] 形 13の, 13人[個]の
- **this** 形 ①この, こちらの, これを ②今の, 現在の 代 ①これ, この人[物] ②今, ここ
- **those** 形 それらの, あれらの
- **thou** 代《古》汝, そなた
- **thousand** 名 ①1000(の数字), 1000人[個] ②《- s》何千, 多数 形 ①1000の, 1000人[個]の ②多数の
- **thread** 名 糸
- **three** 名 3(の数字), 3人[個] 形 3の, 3人[個]の
- **throne** 名 王座, 王権
- **through** 前 ～を通して, ～中を[に], ～中
- **thrush** 名 ツグミ(鶫)《鳥》
- **thumb** 名 親指
- **Thursday** 名 木曜日
- **tickle** 動 ①くすぐる ②喜ばす
- **tie** 動 結ぶ, 束縛する
- **till** 接 ～(する)まで
- **time** 名 ①時, 時間, 歳月 ②時期 ③期間 ④時代 ⑤回, 倍 **every time** ～するときはいつも **over time** 時間とともに, そのうち
- **title** 名 題名, タイトル
- **to** 前 ①《方向・変化》～へ, ～に, ～の方へ ②《程度・時間》～まで ③《適合・付加・所属》～に ④《 – + 動詞の原形》～するために[の], ～する, ～すること
- **today** 名 今日 副 今日(で)は
- **toe** 名 足指, つま先 **big toe** 足の親指 **little toe** 足の小指
- **together** 副 ①一緒に, ともに ②同時に **put together** 組み立てる
- **toll** 動 (鐘を)繰り返し鳴らす
- **tonight** 名 今夜, 今晩 副 今夜は
- **too** 副 ①～も(また) ②あまりに～すぎる, とても ～ **too much** 過度の
- **took** 動 take(取る)の過去
- **top** 名 頂上 **on top of** ～の上(部)に
- **torn** 動 tear(裂く)の過去分詞
- **toss** 動 投げる, 放り上げる, 上下に動く
- **touch** 動 触れる, さわる, ～を触れさせる
- **town** 名 町, 都会, 都市
- **traditional** 形 伝統的な
- **traditionally** 副 伝統的に, 元々は
- **tray** 名 盆, 盛り皿 **tea tray** 茶盆
- **tree** 名 ①木, 樹木, 木製のもの ②系図
- **treetop** 名 こずえ, 木のてっぺん
- **tri, tre, tre, tree** トコ, トコ, トコ《馬のひずめの音》
- **trial** 名 裁判 **be put on trial for ～** のかどで裁判に掛けられる
- **true** 形 ①本当の, 本物の, 真の ②誠実な, 確かな **come true** 実現する
- **truth** 名 ①真理, 事実, 本当 ②誠実, 忠実さ
- **try** 動 ①やってみる, 試みる ②努力する, 努める

- **Tuesday** 名 火曜日
- **tuffet** 名 低い腰掛け
- **tumble** 動 倒れる, 転ぶ, つまずく
- **tune** 名 曲, 節
- **turkey** 名 七面鳥
- **turtle dove** キジバト
- **twelfth** 名 第12(の人・物) 形 第12の, 12番の
- **twelve** 名 12(の数字), 12人[個] 形 12の, 12人[個]の
- **twenty** 名 20(の数字), 20人[個] 形 20の, 20人[個]の
- **twinkle** 動 きらきら光る, 輝く
- **two** 名 2(の数字), 2人[個] 形 2の, 2人[個]の
- **type** 名 ①型, タイプ, 様式 ②見本, 模様, 典型 **type of** ～の一種

U

- **under** 前 ①《位置》～の下[に] ②《状態》～で, ～を受けて, ～のもと ③《数量》～以下[未満]の, ～より下の
- **understand** 動 理解する, わかる, ～を聞いて知っている
- **unfaithful** 形 不誠実な, 不貞な
- **unfortunately** 副 不幸にも, 運悪く
- **unicorn** 名 一角獣, ユニコーン
- **United States** 名 アメリカ合衆国《国名》
- **up** 副 ①上へ, 上がって, 北へ ②立って, 近づいて ③向上して, 増して **up and down** 上がったり下がったり, 行ったり来たり, あちこちを **up to** ～まで, ～に至るまで, ～に匹敵して 前 ①～の上(の方)へ, 高い方へ ②(道)に沿って 形 上向きの, 上りの
- **upon** 前 ①《場所・接触》～(の上)に ②《日・時》～に ③《関係・従事》～に関して, ～について, ～して

- **upstairs** 副 2階へ[に], 階上へ 形 2階の, 階上の
- **use** 動 ①使う, 用いる ②費やす 名 使用, 用途
- **useful** 形 役に立つ, 有効な, 有益な
- **usually** 副 普通, いつも(は)

V

- **version** 名 バージョン, 版
- **very** 副 とても, 非常に, まったく 形 本当の, きわめて, まさしくその
- **village** 名 村, 村落
- **visit** 動 訪問する

W

- **wag** 動 しきりに動く, 揺れ動かす
- **walk** 動 歩く, 歩かせる, 散歩する
- **wall** 名 壁, 塀
- **want** 名 欠乏, 不足
- **was** 動 《beの第1・第3人称単数現在am, isの過去》～であった, (～に)いた[あった]
- **wash** 動 ①洗う, 洗濯する ②押し流す[される] **wash away** 押し流す
- **water** 名 水
- **way** 名 ①道, 通り道 ②方向, 距離 ③方法, 手段 ④習慣 **all the way** ずっと, はるばる, いろいろと **one's way (to ～)** ～(への)途中で **way of** ～する方法 **way to** ～する方法
- **we** 代 私たちは[が]
- **wedding** 名 結婚式, 婚礼
- **Wednesday** 名 水曜日
- **wee** 形 ちっぽけな
- **Wee Willie Winkie** ウィー・ウィリー・ウィンキー《眠りの化身, 擬人化》
- **wee-wee-wee** ウィーウィーウィー《子豚の鳴き声》

- □ **week** 名 週, 1週間
- □ **went** 動 go (行く) の過去
- □ **were** 動 《be の2人称単数・複数の過去》~であった, (~に) いた [あった]
- □ **whack** 名 強打
- □ **what** 代 ①何が [を・に] ②《関係代名詞》~するところのもの [こと] 形 ①何の, どんな ②なんという ③~するだけの 副 いかに, どれほど
- □ **when** 副 ①いつ ②《関係副詞》~するところの, ~するとその時, ~するとき 接 ~の時, ~するとき 代 いつ
- □ **where** 副 ①どこに [で] ②《関係副詞》~するところの, そしてそこで, ~するところ where to どこで~すべきか 接 ~なところに [へ], ~するところに [へ] 代 ①どこ, どの点 ②~するところの
- □ **wherever** 接 どこでも, どこへ [で] ~するとも 副 いったいどこへ [に・で]
- □ **whey** 名 乳清, ホエー
- □ **which** 形 ①どちらの, どの, どれでも ②どんな~でも, そしてこの 代 ①どちら, どれ, どの人 [物] ②《関係代名詞》~するところの
- □ **while** 接 ①~の間 (に), ~する間 (に) ②一方, ~なのに
- □ **whip** 動 むちうつ
- □ **white** 形 白い 名 白, 白色
- □ **who** 代 ①誰が [は], どの人 ②《関係代名詞》~するところの (人)
- □ **whose** 代 ①誰の ②《関係代名詞》(~の) …するところの
- □ **why** 副 ①なぜ, どうして ②《関係副詞》~するところの (理由)
- □ **wife** 名 妻, 夫人
- □ **wig** 名 かつら
- □ **will** 助 ~だろう, ~しよう, する (つもりだ) Will you ~? ~してくれませんか。 名 決意, 意図
- □ **wilt** 助 《古》will の2人称単数現在形
- □ **wind** 名 風
- □ **window** 名 窓, 窓ガラス
- □ **wing** 名 翼, 羽
- □ **wise** 形 賢明な, 聡明な, 博学の
- □ **wish** 動 望む, 願う, (~であればよいと) 思う wish upon a star 星に願いをかける 名 (心からの) 願い make a wish 願い事をする
- □ **with** 前 ①《同伴・付随・所属》~と一緒に, ~を身につけて, ~とともに ②《様態》~(の状態) で, ~して ③《手段・道具》~で, ~を使って have to do with ~と関係がある
- □ **without** 前 ~なしで, ~がなく, ~しないで
- □ **wives** 名 wife (妻) の複数
- □ **woe** 名 悲哀, 悲痛
- □ **woman** 名 (成人した) 女性, 婦人
- □ **won** 動 win (勝つ) の過去, 過去分詞
- □ **wonder** 動 ①不思議に思う, (~に) 驚く ②(~かしらと) 思う
- □ **wonderland** 名 おとぎの国, 不思議の国, すばらしい場所 [土地]
- □ **wood** 名 ①《しばしば -s》森, 林 ②木材, まき
- □ **wool** 名 羊毛, 毛糸, 織物, ウール
- □ **word** 名 ①語, 単語 ②ひと言 ③《one's -》約束
- □ **work** 動 働く
- □ **world** 名 《the -》世界, ~界
- □ **worry** 動 悩む, 悩ませる, 心配する [させる]
- □ **would** 助 《will の過去》①~するだろう, ~するつもりだ ②~したものだ
- □ **writer** 名 書き手, 作家
- □ **wrote** 動 write (書く) の過去

Y

- □ **year** 名 ①年, 1年 ②~歳

- **yes** 副 はい, そうです
- **yet** 副 ①《否定文で》まだ～(ない[しない]) ②《疑問文で》もう ③《肯定文で》まだ, 今もなお
- **you** 代 ①あなた(方)は[が], あなた(方)を[に] ②(一般に)人は
- **young** 形 若い, 幼い, 青年の
- **your** 代 あなた(方)の

E-CAT

English **C**onversational **A**bility **T**est
国際英語会話能力検定

● **E-CATとは…**
英語が話せるようになるための
テストです。インターネット
ベースで、30分であなたの発
話力をチェックします。

www.ecatexam.com

iTEP

International Test of English Proficiency

● **iTEP®とは…**
世界各国の企業、政府機関、アメリカの大学
300校以上が、英語能力判定テストとして採用。
オンラインによる90分のテストで文法、リー
ディング、リスニング、ライティング、スピー
キングの5技能をスコア化。iTEP®は、留学、就
職、海外赴任などに必要な、世界に通用する英
語力を総合的に評価する画期的なテストです。

www.itepexamjapan.com

ラダーシリーズ
Nursery Rhymes of Mother Goose
マザーグースの唄

2012年5月5日　第1刷発行
2025年6月20日　第2刷発行

編　者　寺沢美紀

発行者　賀川　洋

発行所　IBCパブリッシング株式会社
　　　　〒162-0804 東京都新宿区中里町29番3号
　　　　菱秀神楽坂ビル
　　　　Tel. 03-3513-4511　Fax. 03-3513-4512
　　　　www.ibcpub.co.jp

© IBC Publishing, Inc. 2012

印刷　株式会社シナノパブリッシングプレス
装丁　伊藤 理恵　　　カバー・本文イラスト　結城 麗
組版データ　Palatino Regular+ITC Berkeley Oldstyle Pro Italic

落丁本・乱丁本は、小社宛にお送りください。送料小社負担にてお取り替えいたします。
本書の無断複写（コピー）は著作権法上での例外を除き禁じられています。

Printed in Japan
ISBN 978-4-7946-0140-7